Anke Kramer

Handbuch der deutschen Phonetik für Sängerinnen und Sänger

AF666649

Anke Kramer

Handbuch der deutschen Phonetik für Sängerinnen und Sänger

Mit einem umfangreichen Übungsteil und Hörproben

Frank & Timme
Verlag für wissenschaftliche Literatur

Umschlagabbildung: © Martina Päßler DESIGN 2021

ISBN 978-3-7329-0772-4
ISBN E-Book 978-3-7329-9193-8

© Frank & Timme GmbH Verlag für wissenschaftliche Literatur
Berlin 2022. Alle Rechte vorbehalten.

Das Werk einschließlich aller Teile ist urheberrechtlich geschützt. Jede Verwertung außerhalb der engen Grenzen des Urheberrechtsgesetzes ist ohne Zustimmung des Verlags unzulässig und strafbar. Das gilt insbesondere für Vervielfältigungen, Übersetzungen, Mikroverfilmungen und die Einspeicherung und Verarbeitung in elektronischen Systemen.

Herstellung durch Frank & Timme GmbH,
Wittelsbacherstraße 27a, 10707 Berlin.
Printed in Germany.
Gedruckt auf säurefreiem, alterungsbeständigem Papier.

www.frank-timme.de

Inhaltsverzeichnis

 © Frank & Timme Verlag für wissenschaftliche Literatur

 © Frank & Timme Verlag für wissenschaftliche Literatur

1 Einführung

Der Gedanke, dieses Buch zu schreiben, hat sich in den letzten Jahren meiner über 30-jährigen Tätigkeit mit Gesangsstudierenden immer stärker festgesetzt.

Oft wurde ich von den Studierenden gefragt, wozu es nötig sei, verständlich deutsch zu singen. Den Text kann heutzutage jede*r googeln und in Opernhäusern wird vermehrt auch bei deutschen Opern der Text über der Szene eingeblendet. Wieso also sich mit einer so schweren Sprache plagen, die auch noch anstrengend zu singen ist?

Ich denke, dass es dafür viele Argumente gibt. Und dazu sollte zuerst der Anspruch an die eigene Leistung gehören. Aber ist nicht auch die Frage relevant, warum es in Opern, Operetten, Singspielen u.ä. ein Libretto gibt? Wäre der Text nicht wichtig, könnte da doch stattdessen auch ‚lalala' stehen. Und waren Kunstlieder nicht zuerst Gedichte? Auch in Oratorien und Kantaten hat die Sprache einen großen Stellenwert, denn da wird das Wort Gottes verkündet. Das Publikum ist auf jeden Fall sehr daran interessiert, den Text zu verstehen, denn das Mitlesen des Textes lenkt von der Szene ab und vermindert den Genuss des Hörens.

Doch die Studierenden sind erst völlig überzeugt, wenn sie in der gemeinsamen Arbeit entdecken, dass ihre Stimme an Qualität gewinnt, wenn die Laute optimal gebildet werden und damit der Text verständlich gesungen wird.

Da es in diesem Buch zuerst um das Singen und später um das Sprechen geht, ist diese Phonetik anders aufgebaut, als es im Allgemeinen üblich ist. Ich beginne nicht mit der Intonation, sondern mit allen Lauten bei denen der Mundraum offen ist, also mit allen Lauten, bei denen der Klang sich frei entfalten kann und nenne sie Mundöffnungslaute. Danach erkläre ich die Laute, bei denen eine Enge im Mund gebildet wird (Enge-Laute), bevor ich die Laute beschreibe, bei denen der Mund an einer Stelle verschlossen ist (Verschlusslaute).

Doch weil Sänger*innen nicht nur singen, sondern auf der Bühne auch immer wieder sprechen müssen und weil für das verständliche Singen das Wissen um die Betonungen im Deutschen sehr wichtig ist, gibt es am Schluss dieses Buches ein Kapitel zur Intonation des Deutschen.

Dieses Buch richtet sich an Sänger*innen des klassischen Gesangs. Aber auch Gesangslehrende, Korrepetitor*innen, Chorleiter*innen und Sprecherziehungskolleg*innen können hier wichtige Impulse für ihre Arbeit mit deutschem Repertoire finden. Ich halte mich an die deutsche Hochlautung und beziehe mich bei der Transkription der Beispiele auf das ‚Deutsche Aussprachewörterbuch' (Krech, Eva-Maria/Stock, Eberhard u. a. (2010), Berlin/New York).

1.1 Unterschied gesprochene – gesungene Sprache

Jede Sprache hat ihre eigene Melodie und ihren spezifischen Rhythmus, der durch die Betonung in Worten und Wortgruppen entsteht. Das wird landläufig die Intonation der Sprache genannt.

Melodie, Betonungen und Pausen werden in der Musik aber von der Komposition vorgegeben. Auch die Länge der Töne und damit der Vokale (Mundöffnungslaute) ist vorgegeben und kann beim Singen also länger oder kürzer als beim Sprechen sein. Die Konsonanten dagegen müssen schnell und eng zusammengefasst realisiert werden, damit in einer gesanglichen Phrase kein akustisches Loch entsteht. Die Sprache muss sich also der Komposition unterordnen. Auf die Tatsache, dass die deutsche Sprache zwischen langen und kurzen Vokalen unterscheidet, was sogar bedeutungsunterscheidend sein kann, achten Komponist*innen eher nicht. So müssen lange Vokale oft auf kurzen Tönen und kurze Vokale oft auf langen Tönen gesungen werden, was das verständliche Singen erschwert. Trotzdem ist es möglich, verständlich zu singen, was in diesem Buch erklärt wird.

1.2 Die Artikulationsorgane

Um verständlich zu sprechen und zu singen, brauchen wir eine deutliche Aussprache, auch Artikulation genannt, welche mit den Artikulationsorganen realisiert wird. Diese befinden sich im Ansatzrohr. Das Ansatzrohr ist der Bereich zwischen den Stimmlippen und den Lippen. Zu den Artikulationsorganen

 © Frank & Timme Verlag für wissenschaftliche Literatur

gehören die Lippen, die Zähne, der Unterkiefer, die Zunge, das Gaumensegel und die Stimmlippen. Mit diesen Artikulationsorganen werden die verschiedenen Laute gebildet, wobei die Zunge der wichtigste Muskel ist, da sie für nahezu alle Laute gebraucht wird.

1.2.1 Die Zunge

Bei der Beschreibung der Laute unterscheide ich folgende Teile der Zunge: die Zungenspitze, den Zungenrücken, die Vorder- und die Hinterzunge.

Ein besonderes Augenmerk lege ich dabei immer auf die Zungenspitze, die ich den Manager der Zunge nenne. In den Abbildungen der Laute ist sie grau gekennzeichnet. Ein Pfeil zeigt, an welcher Stelle die Zungenspitze bewusst den Aktiv- beziehungsweise Ruhepunkt berühren sollte, denn dann können die Laute mit geringer Anstrengung optimal gebildet werden. Die einzige Ausnahme sind das [ʃ] und die beiden s-Laute [s] und [z], wenn sie apikal realisiert werden. Die Zungenspitze sollte in diesem Fall keinen der Punkte berühren.

1.2.2 Die Zungenspitzenpunkte

Aktivpunkt	ist der kleine Punkt am Zahndamm hinter den unteren Schneidezähnen. Diesen Punkt soll die Zungenspitze beim Sprechen und Singen immer aktiv berühren. Ausgenommen sind folgende Laute: [n], [t], [d], [l], [ʃ], das apikale-s und das Zungenspitzen-r
Ruhepunkt	ist der physiologische Zungenruhepunkt am Zahndamm hinter den oberen Schneidezähnen. Diesen Punkt soll die Zungenspitze bei folgenden Lauten immer aktiv berühren: [n], [t], [d], [l]. Im klassischen Gesang beginnt das Zungenspitzen-r an dieser Stelle.

Diese Zungenspitzenpunkte sind nicht nur eine Orientierung für die Zunge. Wenn diese Punkte immer aktiv berührt werden, verlagert sich die Basis des Sprechens unweigerlich nach vorn. Zusätzlich erleichtert es das Sprechen aller Laute, die im hinteren Teil des Mundes gebildet werden, wie z. B. [x]. Ebenso wird das optimale Sprechen und Singen gespannter und geschlossener Vokale dadurch enorm erleichtert. Besonders auffällig ist dies beim gespannten [eː], welches für die meisten meiner Studierenden am schwersten zu realisieren ist. Mit dieser Methode gelingt es nahezu mühelos. Die Studierenden sind jedes Mal überrascht.

1.3 Die Artikulationsstellen

sind die Stellen im Mund, an denen die Enge- und Verschlusslaute gebildet werden. Diese Stellen können sein:

- die geschlossenen Lippen,
- die oberen Schneidezähne und die Unterlippe,
- die Zungenspitze und der oberer Zahndamm,
- der vordere oder mittlere Zungenrücken und der harte Gaumen,
- der hintere Zungenrücken und der weiche Gaumen oder das Zäpfchen und
- die Stimmritze.

1.4 Die Worte

In der deutschen Sprache unterscheiden wir zwischen deutschen Wörtern und Fremdwörtern.

Die deutschen Worte haben immer eine Stammsilbe, auch Wortstamm genannt. Dieser Teil des Wortes, trägt den Inhalt und macht die Wortfamilie deutlich. Zum Beispiel: **spiel**en, der **Spiel**er, die **Spiel**erin, ver**spiel**t sein, das **Spiel**, ver**spiel**en usw. In diesen Fällen ist die Stammsilbe die Silbe -spiel-. Alle Silben vor dem Wortstamm sind Vorsilben (Präfixe), alle danach Nachsilben (Suffixe). Die für die deutsche Sprache so typische Bedeutungsunterscheidung zwischen langen und kurzen Vokalen gibt es nur in der deutschen Stammsilbe.

Die Fremdwörter kommen aus dem Lateinischen, Griechischen, Französischen und heutzutage häufiger aus dem Englischen. Diese Worte haben wir in unsere Sprache übernommen und zum größten Teil eingedeutscht. Sie bestehen auch aus Silben, haben aber keine Stammsilbe. Wir benutzen sie mit unseren deutschen Vor- und Nachsilben.

1.4.1 Die Silben

Die Worte der deutschen Sprache gliedern sich in Silben. Silben sind zu einer Einheit zusammengefasste Laute, die deutlich wahrnehmbar werden, wenn die Worte extrem langsam gesprochen werden. Solche, die auf einen Vokal enden, werden offene Silben genannt. Diejenigen, die wenigstens einen Konsonanten an ihrem Ende haben, nennt man geschlossene Silben.

1.4.2 Die Laute

Die Silben bestehen in der geschrieben Sprache aus Buchstaben, in der gesprochenen Sprache aus Lauten (Phonemen).

Alle Laute, die ohne Enge oder Verschluss, also mit einem offenen Mundraum gesprochen und gesungen werden, nenne ich in diesem Buch Mundöffnungslaute. Dazu zählen alle Vokale, Umlaute, Diphthonge und das vokalisierte-r.

Alle Laute, die mit einer Enge oder einem Verschluss gebildet werden, sind Konsonanten.

2 Die Mundöffnungslaute

2.1 Vokale, Umlaute und Diphthonge im Überblick

Im deutschen Schriftbild sind folgende Buchstaben Mundöffnungslaute:

geschrieben	gesprochen lang	 kurz
A a	[aː]	[a]
E e	[eː]	[ɛ]
I i	[iː]	[ɪ]
O o	[oː]	[ɔ]
U u	[uː]	[ʊ]
Ä ä	[ɛː]	[ɛ]
Ö ö	[øː]	[œ]
Ü ü	[yː]	[ʏ]
Y y	[yː] [iː] [aɛ̯]	[ʏ]
au	[aɔ̯]	
ei ai ey ay	[aɛ̯]	
eu äu	[ɔœ̯]	

Wie in der Tabelle zu erkennen ist, wird in der deutschen Sprache zwischen langen und kurzen Vokalen unterschieden. Das Längungszeichen [ː] zeigt immer an, dass der Vokal lang gesprochen wird. Die Länge oder Kürze des Vokals ist seine Quantität.

Alle Vokale außer a und alle Umlaute außer ä werden aber auch in ihrer Qualität unterschieden. Wir unterscheiden in der deutschen Sprache 2 Qualitäten. Die eine ist gespannt und geschlossen, die andere ungespannt und offen.

Dass die Unterscheidung in der Quantität und Qualität auch bedeutungsunterscheidend sein kann, gibt es nur im Wortstamm der deutschen Wörter.

Beispiele: Stadt [ʃtat] – Staat [ʃtaːt],
denn [dɛn] – den [deːn]
in [ɪn] – ihn [iːn]

2.1.1 Die Quantität und Qualität der Vokale und Umlaute

Die Quantität ist die Unterscheidung der Vokale und Umlaute in lang und kurz. Die Qualität der Vokale und Umlaute wird unterschieden in

- geschlossen und gespannt und
- offen und ungespannt.

Damit ist die Spannung der Zunge an der Stelle gemeint, an welcher der Laut gebildet wird, aber auch die Spannung der Lippen, wenn sie für diesen Laut benötigt werden.

In der folgenden Tabelle wird die Qualität der Vokale und Umlaute näher erklärt:

geschlossen und gespannt	Bei einem gespannten Laut ist die Zunge an der Stelle, an welcher der Vokal gebildet wird, stärker gehoben und verengt damit den Resonanzraum Mund an dieser Stelle. Werden zum Bilden des entsprechenden Lautes auch die Lippen benötigt, sind diese auch stärker gestülpt.
offen und ungespannt	Bei einem ungespannten Laut ist die Zunge an der Stelle, an welcher der Vokal gebildet wird, weniger gespannt und dadurch der Resonanzraum Mund an dieser Stelle offener als beim geschlossenen Vokal. Werden zum Bilden des entsprechenden Lautes auch die Lippen benötigt, sind diese nur leicht gestülpt.

Beachte

Die Zungenspitze sollte bei allen Mundöffnungslauten am unteren Zahndamm hinter den unteren Schneidezähnen (Aktivpunkt) liegen und diesen bewusst berühren.

 © Frank & Timme Verlag für wissenschaftliche Literatur

2.1.2 Allgemeine Regeln der Quantität der Vokale und Umlaute in deutschen Wörtern

Hier werden die Grundregeln beschrieben, die für die Vokallänge von allen Vokalen und Umlauten in deutschen Wörtern gelten.

Langer Vokal	Ohne Ausnahme:	
	wenn nach Vokal ein h (Dehnungs -h) steht	fühlen [fˈyːln] beim Singen [fˈyːlən]
	bei doppeltem Vokal	Boot [boːt]
	Schreibweise ie steht für ii	Lied [liːt]
	Mit Ausnahmen:	
	wenn nach Vokal nur ein Konsonant im Wortstamm steht	Lob [loːp]
Kurzer Vokal	Ohne Ausnahme:	
	wenn nach Vokal 2 gleiche Konsonanten im Wortstamm stehen	füllen [fˈʏln] beim Singen [fˈʏlən]
	Schreibweise ck steht für kk	Glück [glʏk]
	Mit Ausnahmen:	
	wenn Vokal vor 2 Konsonanten im Wortstamm steht	Wort [vɔʶt] beim Singen [vɔʳt]

2.1.3 Allgemeine Ausspracheregeln der Vokale und Umlaute in Fremdwörtern

Da die Fremdwörter in der deutschen Sprache keine Stammsilbe haben, sind die Regeln der Aussprache der Vokale andere und hier aufgeführt:

Langer Vokal	**gespannt** und **geschlossen** wenn Silbe offen und betont ist in Silbe -or	 Syn**ko**pe [zʏnkˈoːpə] Dok**tor** [dˈɔktoːᵄ]
Kurzer Vokal	**offen** und **ungespannt** wenn die Silbe geschlossen und betont ist **gespannt** und **geschlossen** wenn die Silbe unbetont und offen ist.	 **Po**lka [pˈɔlkaː] **Stu**dent [ʃtudˈɛnt] **Po**lyphonie [polyfonˈiː] **So**pran [zopʁ̥ˈaːn] beim Singen [zˈopr̥aːn]

2.1.4 Ausspracheregel für Vokale vor Doppel-s oder ß vor und nach der Rechtschreibreform 1996

Im Jahr 1996 gab es in Deutschland eine Rechtschreibreform, die zu einer Veränderung bei den s-Lauten führte. Die Rechtschreibung sollte vereinfacht werden.

Es gibt im Deutschen drei Schreibweisen: s – ss – ß. Heute ist die Aussprache des Vokals davor leicht zu erkennen: wenn ein Doppel-s nach einem Vokal steht, wird dieser immer kurz gesprochen; dagegen zeigt ein ß an, dass der Vokal davor lang gesprochen wird.

Allerdings gilt diese Regel nur für alle deutschen Opern, Lieder, Passionen, deren Texte nach 1996 geschrieben wurden. In den Klavierauszügen der Opern und Lieder, die vor 1996 komponiert wurden, ist sehr häufig noch die alte Rechtschreibung zu finden, deren Regel es war, dass ein Doppel-s nur zwischen 2 Vokalen geschrieben werden durfte. Doppel-s durfte nie am Ende eines Wortes oder vor einem Konsonanten stehen. So mussten beispielsweise das Substantiv Kuss oder das Verb muss vor 1996 so geschrieben werden: Kuß

 © Frank & Timme Verlag für wissenschaftliche Literatur

oder muß. Um nun herauszufinden, ob der Vokal lang oder kurz gesprochen wird, musste von dem Substantiv immer der Plural (der Kuß – die Küsse) und vom Verb immer der Infinitiv (muß – müssen) gebildet werden. Wird die Plural- oder Infinitivform mit Doppel-s geschrieben, wird der Vokal kurz gesprochen, auch wenn im Singular oder in der gebeugten Form ein ß zu finden ist. Bleibt allerdings das ß im Plural oder Infinitiv erhalten, dann wird der Vokal in der Silbe immer lang gesprochen: der Fuß – die Füße.

2.2 Der Vokal A a: [aː] und [a]

Bildung

Zunge	liegt flach im Mundboden.
Zungenspitze	berührt bewusst den Aktivpunkt.
Kieferöffnung	ist relativ groß.
Lippen	sind nicht beteiligt.
Gaumensegel	ist beim Sprechen gehoben, beim Singen öffnet es die Räume über dem Mundraum für den Klang.

Die Merkmale der beiden a-Laute

Die beiden a-Laute unterscheiden sich ausschließlich in ihrer Länge.
[aː] steht für das lange a.
[a] steht für das kurze a.

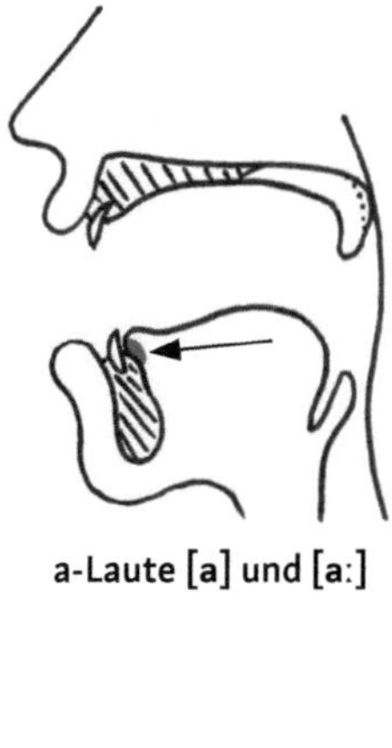

a-Laute [a] und [aː]

Besonderheit der Unterscheidung der a-Laute beim Singen

Langer a-Laut [aː] auf kurzer Note:
Bei einem langen a-Laut [aː] auf einer kurzen Note, ist es notwendig, das [aː] auf dem gesamten Notenwert zu singen.

Kurzer a-Laut [a] auf langer Note:
Muss ein kurzer a-Laut auf einer langen Note gesungen werden, empfiehlt es sich, das [a] eher hell zu singen. Hier kann auch das Bild einer Glocke helfen. Wenn eine Glocke angeschlagen wird, kann man diesen Moment hören und danach hört man nur noch Klang. Das [a] kann also kurz „angeschlagen" werden und dann ist nur noch der Klang wichtig.

Ausnahmen zur allgemeingültigen Ausspracheregel der Vokale und Umlaute

Kurzer a-Laut [a]	in offener Silbe vor /sch/ naschen [nˈaʃn̩] beim Singen [nˈaʃən]
Langer a-Laut [aː]	im Wortauslaut Mama [mˈamaː] oder [mamˈaː]

Keine Regel für die Aussprache gibt es, wenn a vor ch, rsch, rt und tsch steht. Hier muss in einem aktuellen Aussprachewörterbuch nachgeschlagen werden.

Aussprache im Suffix

In der Nachsilbe -sam ist das a immer lang. Beispiel: furchtsam [fˈʊʁçtz̥aːm], beim Singen [fˈʊʳçtz̥aːm].

 © Frank & Timme Verlag für wissenschaftliche Literatur

2.3 Der Vokal U u: [uː] und [ʊ]

Bildung

Dieser Vokal wird mit der Hinterzunge gebildet.

Zunge	der hintere Teil des Zungenrückens hebt sich zum hinteren Teil des Gaumens.
Zungenspitze	berührt bewusst den Aktivpunkt (oder ist in diese Richtung ausgerichtet).
Kieferöffnung	ist relativ klein aber vorhanden.
Lippen	sind gerundet und nach vorn gestülpt.
Gaumensegel	ist beim Sprechen gehoben, beim Singen öffnet es die Räume über dem Mundraum für den Klang.

Ist der Laut gespannt, ist der Zungenrücken stärker gehoben, die Aktivität der Zungenspitze am Aktivpunkt größer und die Lippen sind stärker gestülpt als beim ungespannten Laut.

Die Merkmale der beiden u-Laute

Die beiden u-Laute unterscheiden sich folgendermaßen:
Das lange u [uː] ist gespannt und geschlossen.
Das kurze u [ʊ] ist offen und ungespannt.

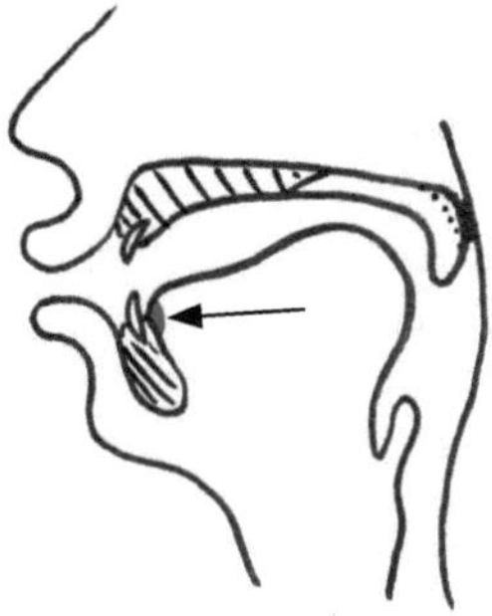

Langer u-Laut [uː]

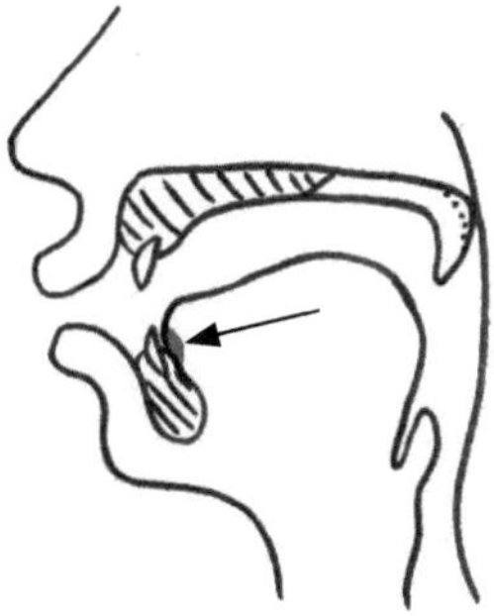

Kurzer u-Laut [ʊ]

Besonderheit der Unterscheidung der beiden u-Laute beim Singen

Langer u-Laut [uː] auf kurzer Note:
In jedem Fall muss die Qualität optimal gesungen werden, also geschlossen und gespannt. Das [uː] muss so lang wie der gesamte Notenwert sein.

Kurzer u-Laut [ʊ] auf langer Note:
In jedem Fall muss die Qualität optimal gesungen werden, also offen und ungespannt. Auch hier empfehle ich das Bild von der Glocke: das [ʊ] kurz anklingen lassen wie eine Glocke, die angeschlagen wird und dann ist nur noch der Klang wichtig.

Ausnahmen zur allgemeingültigen Ausspracheregel der Vokale und Umlaute

langer u-Laut [uː]	im Wortauslaut Guru [gˈuːʁuː] beim Singen [gˈuːruː]

Keine Regel gibt es, wenn u vor ch, chs, sch, st und r + Konsonanten steht. Hier muss in einem aktuellen Aussprachewörterbuch nachschlagen werden.

Ausspracheregel in Vorsilben und Endungen

Langer u-Laut [uː]	**in der Vorsilbe ur-** Uraufführung [ˈuːɐ̯ʔaɔ̯ffyːʁʊŋ] beim Singen [ˈuːɐ̯ʔaɔ̯ffyːrʊŋ] **außer:** Urteil, da kurz [ˈʊʁtaɛ̯l] beim Singen [ˈʊrtaɛ̯l]
Kurzer u-Laut [ʊ]	**in der Vorsilbe un-** unsauber [ˈʊnzaɔ̯bɐ]

 © Frank & Timme Verlag für wissenschaftliche Literatur

Kurzer u-Laut [ʊ]	**in der Endung -um und -ung** Metrum [m'e:tʁ̥ʊm] beim Singen [m'e:tr̥ʊm] Verzierung [fɐts'i:ʁʊŋ] beim Singen [fɐts'i:rʊŋ]

2.4 Der Vokal I i: [i:] und [ɪ]

Bildung

Dieser Vokal wird mit der Vorderzunge gebildet.

Zunge der vordere Teil des Zungenrückens hebt sich zum vorderen Teil des harten Gaumens.

Zungenspitze berührt bewusst den Aktivpunkt.

Kieferöffnung ist gering aber vorhanden.

Lippen sind an der Lautbildung nicht beteiligt.

Gaumensegel ist beim Sprechen gehoben, beim Singen öffnet es die Räume über dem Mundraum für den Klang.

Ist der Laut gespannt, ist der Zungenrücken stärker gewölbt als beim ungespannten Laut und die Aktivität der Zungenspitze am Aktivpunkt ist größer.

Die Merkmale der beiden i-Laute

Die beiden i-Laute unterscheiden sich folgendermaßen:
Das lange i [i:] ist gespannt und geschlossen.
Das kurze i [ɪ] ist offen und ungespannt.

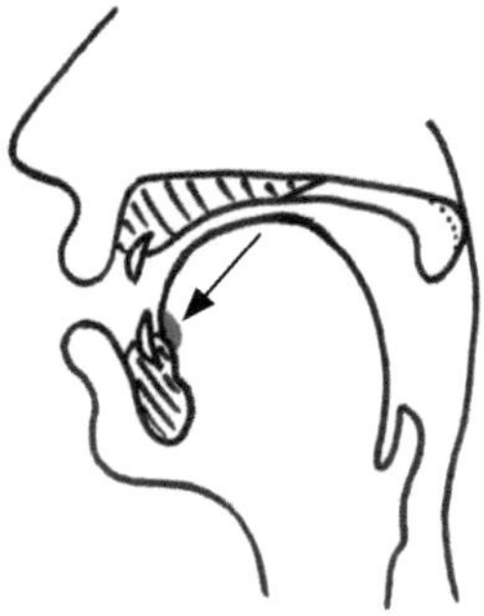

Das lange i [iː]

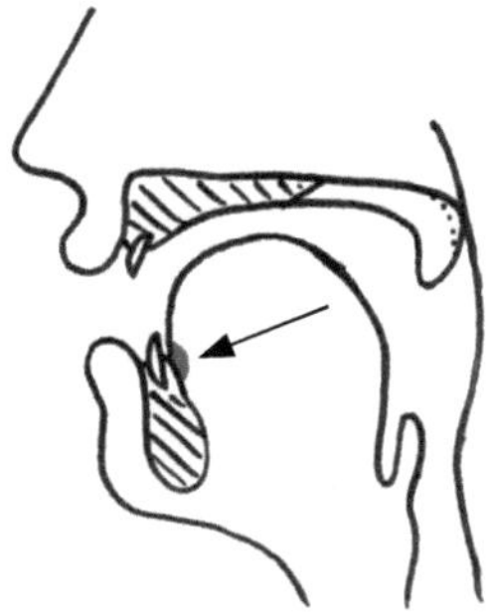

Das kurze i [ɪ]

Besonderheit der Unterscheidung der beiden i-Laute beim Singen

Langer i-Laut [iː] auf kurzer Note:
In jedem Fall muss die Qualität optimal gesungen werden, also geschlossen und gespannt. Das [iː] muss so lang wie der gesamte Notenwert sein.

Kurzer i-Laut [ɪ] auf langer Note:
In jedem Fall muss die Qualität optimal gesungen werden, also offen und ungespannt. Auch hier empfehle ich das Bild von der Glocke: das [ɪ] kurz anklingen lassen wie eine Glocke, die angeschlagen wird, und dann ist nur noch der Klang wichtig.

 © Frank & Timme Verlag für wissenschaftliche Literatur

Ausnahmen zur allgemein gültigen Ausspracheregel der Vokale und Umlaute

mittelhoher i-Laut [i̯]	bei unsilbischer Realisierung in eingedeutschten Wörtern Klaviatur [klavi̯at'uːᵄ] Familie [fam'iːli̯ə]

Unterschiedliche Realisierung vor sch und r	
langer i-Laut [iː]	Nische [n'iːʃə] vier [fiːᵄ] dir [diːᵄ]
kurzer i-Laut [ɪ]	Bischof [b'ɪʃɔf] auch [b'ɪʃoːf] vierzig [f'ɪʁtsɪç], beim Singen [f'ɪʳtsɪç]

In den Nachsilben wie z. B. -ig, -lich, -in ist das i immer kurz, offen und ungespannt, also [ɪ].

2.5 Der Umlaut Ü ü und Y y: [yː] und [ʏ]

Bildung

Dieser Laut wird mit der Vorderzunge gebildet.

Zunge	Genau wie beim Vokal i hebt sich der vordere Teil des Zungenrückens zum vorderen Teil des harten Gaumens.
Zungenspitze	berührt bewusst den Aktivpunkt.
Kieferöffnung	ist relativ klein aber vorhanden.
Lippen	sind genau wie beim Vokal u gerundet und nach vorn gestülpt.
Gaumensegel	ist beim Sprechen gehoben, beim Singen öffnet es die Räume über dem Mundraum für den Klang.

Ist der Laut gespannt, ist der Zungenrücken stärker gehoben, die Aktivität der Zungenspitze am Aktivpunkt größer und die Lippen sind stärker gestülpt als beim ungespannten Laut.

Die Merkmale der beiden ü/y-Laute

Die beiden ü/y-Laute unterscheiden sich folgendermaßen:
Das lange ü, y [yː] ist gespannt und geschlossen, die Lippen sind gestülpt.
Das kurze ü, y, auch bei Schreibweise ue (z. B. bei Mueller) [ʏ] ist offen und ungespannt, die Lippen sind nur leicht gestülpt.

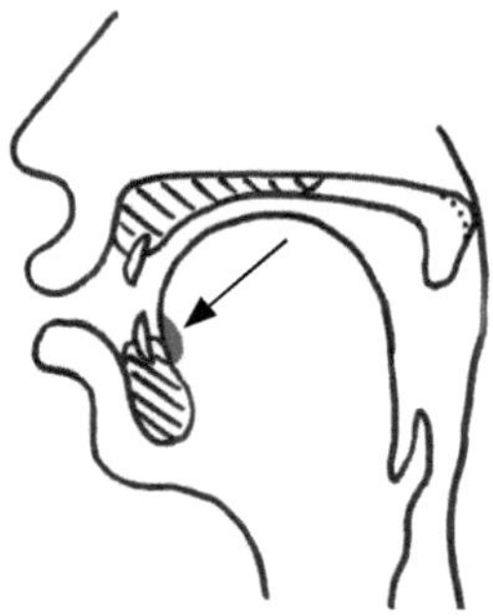

Das lange ü, y [yː]

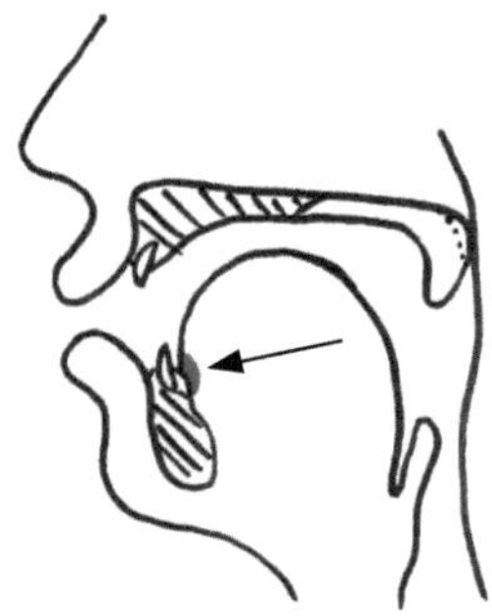

Das kurze ü, y [ʏ]

Ausnahme der Aussprache bei Schreibweise y

Steht das y am Ende eines Wortes wie z. B. bei dem Wort ‚Baby', dann wird es wie [iː] gesprochen.
In einigen Worten wie z. B. bei dem Wort ‚Nylon' wird das y auch wie der Diphthong [aɛ̯] gesprochen.
Bei einigen Wörtern, die mit y beginnen z. B. Yoga, wird das y auch wie [j] gesprochen.

Besonderheit der Unterscheidung der beiden ü/y-Laute beim Singen

Langer ü/y-Laut [yː] auf kurzer Note:
In jedem Fall muss die Qualität optimal gesungen werden, also geschlossen und gespannt. Das [yː] muss so lang wie der gesamte Notenwert sein. ACHTUNG: Die Lippen müssen mit Energie gestülpt werden, damit aus dem [yː] kein [iː] wird.

 © Frank & Timme Verlag für wissenschaftliche Literatur

Kurzer ü/y-Laut [ʏ] auf langer Note:
In jedem Fall muss die Qualität optimal gesungen werden, also offen und ungespannt. Auch hier empfehle ich das Bild von der Glocke: das [ʏ] kurz anklingen lassen wie eine Glocke, die angeschlagen wird, und dann ist nur noch der Klang wichtig. ACHTUNG: Die Lippen müssen leicht gestülpt sein, damit aus dem [ʏ] kein [ɪ] wird.

Ausnahmen zur allgemein gültigen Ausspracheregel der Vokale und Umlaute

Unterschiedliche Realisierung vor ch, sch und st	
langer ü-Laut [yː]	Flüche [flˈyːçə] Rüsche [ʁˈyːʃə] Büste [bˈyːstə]
kurzer ü-Laut [ʏ]	flüchten [flˈʏçtn̩] beim Singen [flˈʏçtən] Büschel [bˈʏʃl̩] beim Singen [bˈʏʃəl] Brüste [bʁˈʏstə] beim Singen [brˈʏstə]

2.6 Der Vokal O o: [oː] und [ɔ]

Bildung

Dieser Vokal wird mit der Hinterzunge gebildet.

Zunge Der mittlere hintere Teil des Zungenrückens hebt sich zum hinteren Teil des Gaumens.

Zungenspitze berührt bewusst den Aktivpunkt (oder ist in diese Richtung ausgerichtet).

Kieferöffnung ist etwas größer als beim u.

Lippen sind gerundet und nach vorn gestülpt.

Gaumensegel ist beim Sprechen gehoben, beim Singen öffnet es die Räume über dem Mundraum für den Klang.

Ist der Laut gespannt, ist der Zungenrücken stärker gehoben, die Aktivität der Zungenspitze am Aktivpunkt größer und die Lippen sind stärker gestülpt als beim ungespannten Laut.

Die Merkmale der beiden o-Laute

Die beiden o-Laute unterscheiden sich folgendermaßen:
Das lange o [oː] ist gespannt und geschlossen.
Das kurze o [ɔ] ist offen und ungespannt.

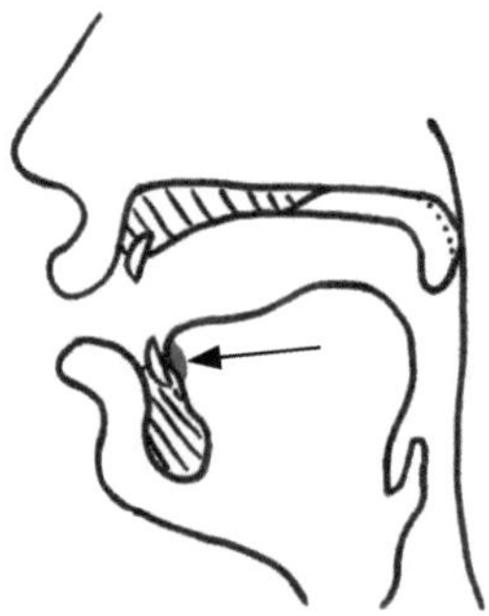

Das lange o [oː]

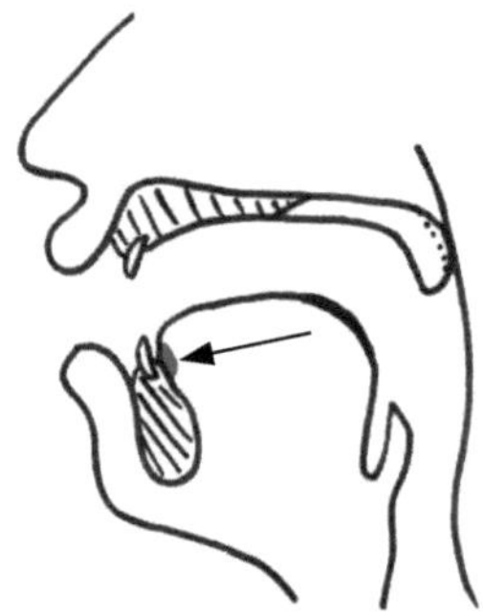

Das kurze o [ɔ]

Besonderheit der Unterscheidung der beiden o-Laute beim Singen

Langer o-Laut [oː] auf kurzer Note:
In jedem Fall muss die Qualität optimal gesungen werden, also geschlossen und gespannt. Das [oː] muss so lang wie der gesamte Notenwert sein. Die Lippen müssen gestülpt werden.

Kurzer o-Laut [ɔ] auf langer Note:
In jedem Fall muss die Qualität optimal gesungen werden, also offen und ungespannt. Auch hier empfehle ich das Bild von der Glocke: das [ɔ] kurz anklingen lassen wie eine Glocke, die angeschlagen wird, und dann ist nur noch der Klang wichtig. Auch die Lippen brauchen weniger Spannung, müssen aber eine leichte Tendenz zur Stülpung haben.

 © Frank & Timme Verlag für wissenschaftliche Literatur

Ausnahmen zur allgemein gültigen Ausspracheregel der Vokale und Umlaute

Langer o-Laut [oː]	hoch [hoːx] vor [foːᵄ] Trost [tʁ̥oːst], beim Singen [tr̥oːst] Obst [oːpst]
Kurzer o-Laut [ɔ]	Hochzeit [hˈɔxtsaɛ̯t] Vorteil [fˈɔʁtaɛ̯l] beim Singen [fˈɔʳtaɛ̯l] kostbar [kˈɔstb̥aːʁ] beim Singen [kˈɔstb̥aːʳ] sonst [sɔnst]

Keine Regel, wenn o vor ch, r, st und Konsonant + st steht.

2.7 Der Vokal und der Umlaut E e und Ä ä: [eː], [ɛ] und [ɛː]

Bildung

Der Vokal und auch der Umlaut werden mit der Vorderzunge gebildet.

Zunge	Der mittlere vordere Teil des Zungenrückens hebt sich zum vorderen Teil des harten Gaumens.
Zungenspitze	berührt bewusst den Aktivpunkt.
Kieferöffnung	ist mittelweit.
Lippen	sind nicht beteiligt.
Gaumensegel	ist beim Sprechen gehoben, beim Singen öffnet es die Räume über dem Mundraum für den Klang.

Ist der Laut gespannt, ist der Zungenrücken stärker gehoben und die Aktivität der Zungenspitze am Aktivpunkt größer.

Beachte

Das e in Vorsilben und Endungen wird als Schwa-Laut im nächsten Kapitel gesondert behandelt.

Die Merkmale der e- und ä-Laute

Diese Laute unterscheiden sich folgendermaßen:
Das lange e [eː] ist gespannt und geschlossen.
Das lange ä [ɛː] ist offen und ungespannt.
Das kurze e und das kurze ä [ɛ] sind offen und ungespannt.

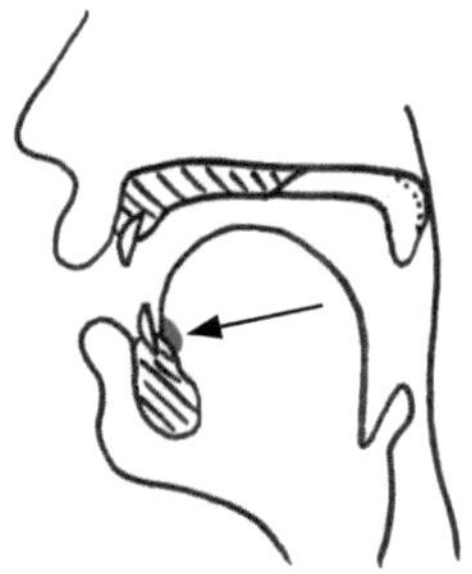

Das lange e [eː]

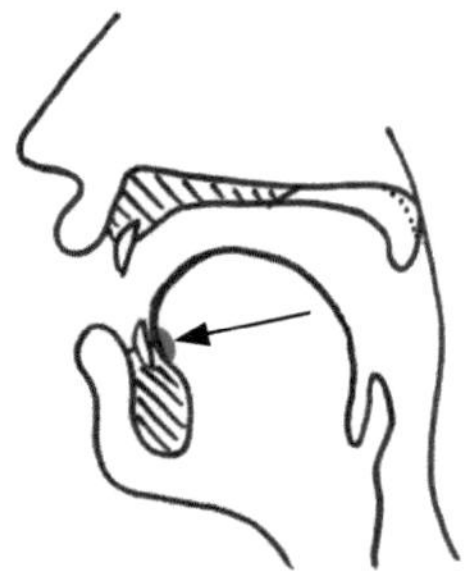

Das kurze e und ä [ɛ] und das lange ä [ɛː]

Besonderheit der Unterscheidung der e/ä-Laute beim Singen

Langer e-Laut [eː] auf kurzer Note:
In jedem Fall muss die Qualität optimal gesungen werden, also geschlossen und gespannt. Das [eː] muss so lang wie der gesamte Notenwert sein.

Langer ä-Laut [ɛː] auf kurzer Note:
In jedem Fall muss die Qualität optimal gesungen werden, also offen und ungespannt. Das [ɛː] muss so lang wie der gesamte Notenwert sein.

Kurzer e-Laut und kurzer ä-Laut [ɛ] auf langer Note:
In jedem Fall muss die Qualität optimal gesungen werden, also offen und ungespannt. Auch hier empfehle ich das Bild von der Glocke: das [ɛ] kurz anklingen lassen wie eine Glocke, die angeschlagen wird, und dann ist nur noch der Klang wichtig.

 © Frank & Timme Verlag für wissenschaftliche Literatur

Ausnahmen zur allgemeingültigen Ausspracheregel der Vokale und Umlaute

langer e-Laut [e:]	
In Einzelwörtern in geschlossener Silbe	Keks [ke:ks] Krebs [kʁ̥e:ps] beim Singen [kr̥e:ps] stets [ʃte:ts]
Möglich auch bei e vor r + Konsonant	Erde [ˈe:ᵄdə] Schwert [ʃv̥e:ᵄt]

langer ä-Laut [ɛ:]	
Vor ß	Gefäß [gəfˈɛ:s]
Akzentuiert in geschlossenen Silben, wenn die Grundform einen langen Vokal hat.	zart [tsa:ʶt] beim Singen [tsa:ʳt] zärtlich [tsˈɛ:ᵄtlɪç], beim Singen [tsˈɛ:ʳtlɪç]

kurzer e-Laut [ɛ]	
In offenen Silben vor sch und ch	Becher [bˈɛçɐ] fescher [fˈɛʃɐ]
Bei Schreibweise ä in offenen, unbetonten Silben eingedeutschter Wörter.	Präludium [pʁ̥ɛlˈu:di̯ʊm] beim Singen [pr̥ɛlˈu:di̯ʊm]

Unterschiedliche Realisierung des ä-Lautes vor ch, tsch und ts/tz	
[ɛ:]	nächste [nˈɛ:çstə] Rätsel [ʁˈɛ:tsl̩] beim Singen [rˈɛ:tsəl]
[ɛ]	mächtig [mˈɛçtɪç] plätschern [plˈɛtʃɐn]

In der Vorsilbe re- ist das e gespannt und geschlossen also [e].
Beispiel: Reaktion [ʁeaktsi̯ˈo:n].

2.7.1 Der Schwa-Laut e: [ə]

Bildung

Dieser Vokal wird genauso wie das offene e mit der Mittelzunge gebildet.

Zunge	liegt entspannt im Mund und ist im mittleren Bereich vorn ganz leicht gehoben.
Zungenspitze	berührt den Aktivpunkt.
Kieferöffnung	ist etwas weiter als beim e.
Lippen	sind unbeteiligt.
Gaumensegel	ist gehoben.

Unterscheidung von den anderen e-Lauten

Der Schwa-Laut [ə] ist noch ungespannter als das [ɛ] Er existiert nur in Vorsilben und Endungen und ist deswegen auch schwach im Klang. In einigen Vorsilben und Endungen wird er gar nicht mehr gesprochen.

Besonderheit beim Singen des Schwa-Lautes

Da der Schwa-Laut im Klang schwach ist, eignet er sich nicht zum Singen. Deshalb: Der Schwa-Laut wird nur gesprochen. Gesungen wird an dessen Stelle ein abphrasiertes [ɛ] auch wenn das e in Endung oder Vorsilbe gar nicht mehr gesprochen wird.

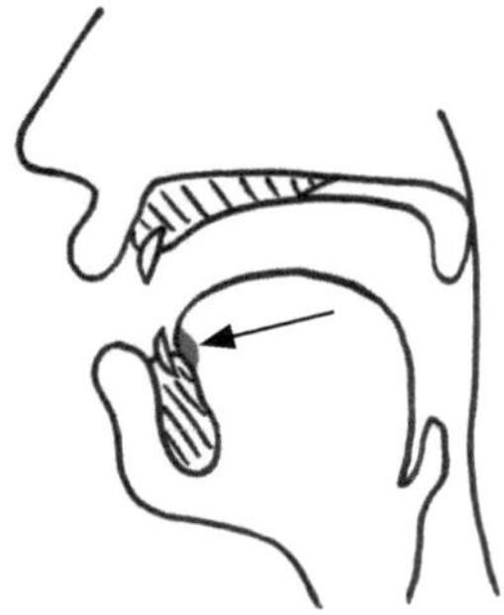

Schwa-Laut

 © Frank & Timme Verlag für wissenschaftliche Literatur

Ausspracheregel

Der Schwa-Laut [ə] wird gesprochen:

In den Vorsilben: be- [bə] ge- [gə]	 Beruf [bəʁ'u:f] beim Singen [bər'u:f] geprobt [gəpʁ̥'o:pt] beim Singen [gəpr̥'o:pt]
Im Auslaut: e [ə]	 Operette [o:pəʁ'ɛtə] beim Singen [o:pər'ɛtə]

In den Endungen -en, -em, und -el wird der Schwa-Laut [ə] meistens nicht gesprochen.

Stattdessen wird der nachfolgende Konsonant silbisch gesprochen:

Steht vor den Endungen -en und -em ein Verschlusslaut oder ein Reibelaut (außer r), wird das e nicht und das n bzw. m in der Endung silbisch gesprochen.	lassen [l'asn̩] beim Singen [l'asən]
Steht vor der Endung -en ein l wird das e in der Endung nicht gesprochen.	fühlen [f'y:ln] beim Singen [f'y:lən]
Steht vor der Endung -en ein p/b, t/d oder k/g wird das e in der Endung nicht gesprochen. Die Realisierung des n richtet sich nach der Artikulationsstelle des vorangehenden Verschlusslautes und wird jeweils als silbisches m, n oder ng gesprochen.	lieben [l'i:bm̩] beim Singen [l'i:bən] retten [ʁ'ɛtn̩] beim Singen [r'ɛtən] liegen [l'i:gŋ̍] beim Singen [l'i:gən]
In der Endung -el wird das e nicht gesprochen. Das l wird silbisch realisiert.	Segel [z'e:gl̩] beim Singen [z'e:gəl]
Endung -er siehe: vokalisiertes r, Seite 40	

Der Schwa-Laut [ə] in den Endungen -en und -em wird gesprochen, wenn davor folgende Laute stehen:

In der Endung -en, wenn davor:	
Vokal/Diphtong	gehen [g'e:ən]
Nasale	summen [z' ʊmən]
	kennen [k'ɛnən]
	singen [z'ɪŋən]
r	hören [h'ø:ʁən] beim Singen [h'ø:rən]
j	Bojen [b'o:jən]
In der Verniedlichungsform -chen	Kindchen [k'ɪntçən]
In der Endung -igen	beruhigen [bəʁ'u:ɪgən] beim Singen [bər'u:ɪgən]
In der Endung -em, wenn davor:	
Vokal / Diphtong	grauem [gʁ̥'ao̯əm] beim Singen [gr̥'ao̯əm]
Nasale	langem [l'aŋəm]
r	wirrem [v'ɪʁəm] beim Singen [v'ɪrəm]
l	hellem [h'ɛləm]

 © Frank & Timme Verlag für wissenschaftliche Literatur

2.8 Der Umlaut Ö ö: [øː] und [œ]

Bildung

Dieser Umlaut wird mit der Vorderzunge gebildet.

Zunge	Genau wie beim Vokal e hebt sich der mittlere vordere Teil des Zungenrückens zum vorderen Teil des harten Gaumens.
Zungenspitze	berührt bewusst den Aktivpunkt.
Kieferöffnung	ist relativ klein aber vorhanden.
Lippen	sind genau wie beim Vokal o gerundet und nach vorn gestülpt.
Gaumensegel	ist beim Sprechen gehoben, beim Singen öffnet es die Räume über dem Mundraum für den Klang.

Ist der Laut gespannt, ist der Zungenrücken stärker gehoben, die Aktivität der Zungenspitze am Aktivpunkt größer und die Lippen sind stärker gestülpt als beim ungespannten Laut.

Die Merkmale der beiden ö-Laute

Die beiden ö-Laute unterscheiden sich folgendermaßen:
Das lange ö [øː] (auch bei Schreibweise oe wie z. B. bei dem Namen Goethe) ist gespannt und geschlossen.
Das kurze ö [œ] ist offen und ungespannt.

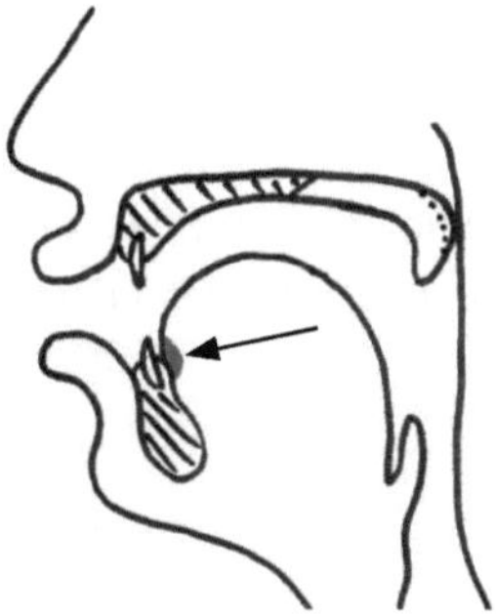

Das lange ö [øː]

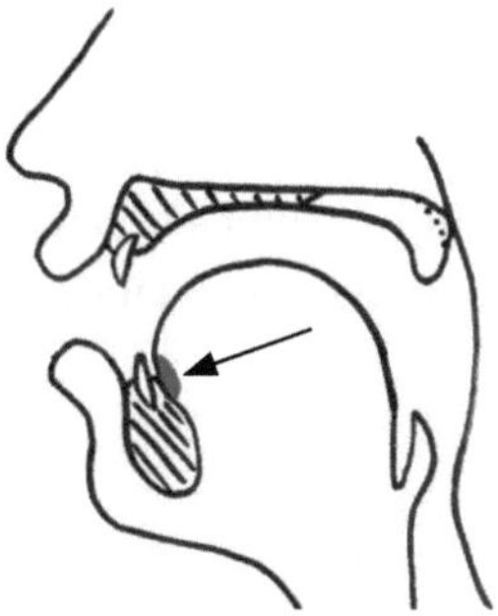

Das kurze ö [œ]

Besonderheit der Unterscheidung der beiden ö-Laute beim Singen

Langer ö-Laut [øː] auf kurzer Note:
In jedem Fall muss die Qualität optimal gesungen werden, also geschlossen und gespannt. Das [øː] muss so lang wie der gesamte Notenwert sein. ACHTUNG: Die Lippen müssen mit Energie gestülpt werden, damit aus dem [øː] kein [eː] wird.

Kurzer ö-Laut [œ] auf langer Note:
In jedem Fall muss die Qualität optimal gesungen werden, also offen und ungespannt. Auch hier empfehle ich das Bild von der Glocke: das [œ] anklingen lassen wie eine Glocke, die angeschlagen wird, und dann ist nur noch der Klang wichtig. ACHTUNG: Die Lippen brauchen weniger Spannung, müssen aber eine leichte Tendenz zur Stülpung haben, damit aus dem [œ] kein [ɛ] wird.

Ausnahmen zur allgemein gültigen Ausspracheregel der Vokale und Umlaute

kurzer ö-Laut [œ] vor ch und sch	Knöchel [knˈœçl̩] löschen [lˈœʃn̩] beim Singen [lˈœʃən]
Unterschiedliche Realisierung vor st	**lang:** trösten [tʁ̥ˈøːstn̩], beim Singen [tr̥ˈøːstən] **kurz:** köstlich [kˈœstlɪç]

2.9 Die Diphthonge

Diphthonge sind einsilbige Verbindungen, bei denen die Zunge von dem einen Laut in den anderen gleitet. Die deutsche Sprache unterscheidet 3 Diphthonge:

ei, ai,ey, ay eu, äu au	[aɛ̯] [ɔœ̯] [aɔ̯]

Besonderheit beim Singen

Unabhängig von der Tonlänge wird bei einem Diphthong der erste der beiden Vokale über den ganzen Ton gehalten. Erst am Ende des Tones gleitet die Zunge schnell in den zweiten Vokal über, sodass dieser kurz anklingt.

 © Frank & Timme Verlag für wissenschaftliche Literatur

In der Unterhaltungsmusik wird ein Diphthong anders realisiert: es wird schneller auf den 2. Vokal im Diphthong übergegangen.

2.9.1 ei, ai, ey, ay: [aɛ̯]

Bildung

Zunge	gleitet von [a] (Zunge liegt flach im Mundboden) zum Vorderzungenvokal [ɛ] (Mittelzunge vorn leicht gehoben).
Zungenspitze	berührt während des gesamten Diphthongs bewusst den Aktivpunkt.
Kieferöffnung	ist mittelgroß.
Lippen	sind unbeteiligt.
Gaumensegel	ist beim Sprechen gehoben, beim Singen öffnet es die Räume über dem Mundraum für den Klang.

Besonderheit beim Singen

[a] wird den ganzen Ton lang gehalten. Kurz vor Schluss des Tones gleitet die Zunge zum [ɛ].

2.9.2 eu, äu: [ɔœ̯]

Bildung

Zunge	gleitet vom [ɔ] (Hinterzunge leicht gehoben) zum [œ] (Mittelzunge vorn leicht gehoben).
Zungenspitze	berührt während des gesamten Diphthongs bewusst den Aktivpunkt.
Kieferöffnung	ist mittelgroß.
Lippen	sind gestülpt.
Gaumensegel	ist beim Sprechen gehoben, beim Singen öffnet es die Räume über dem Mundraum für den Klang.

Besonderheit beim Singen

[ɔ] wird den ganzen Ton lang gehalten. Kurz vor Schluss des Tones gleitet die Zunge zum [œ]. Dabei bleiben die Lippen gestülpt.

2.9.3 au: [aɔ̯]

Bildung

Zunge	gleitet von [a] (Zunge liegt flach im Mundboden) zum [ɔ] (Hinterzunge leicht gehoben).
Zungenspitze	berührt während des gesamten Diphthongs bewusst den Aktivpunkt.
Kieferöffnung	ist mittelgroß.
Lippen	werden mit Bildung des [ɔ] gestülpt.
Gaumensegel	ist beim Sprechen gehoben, beim Singen öffnet es die Räume über dem Mundraum für den Klang.

Besonderheit beim Singen

[a] wird den ganzen Ton lang gehalten. Kurz vor Schluss des Tones werden die Lippen zum [ɔ] gestülpt. Es genügt dabei völlig, nur an das Stülpen der Lippen zu denken.

2.10 Das vokalisierte-r: [ɐ]

Das vokalisierte-r [ɐ] ist eine Besonderheit der Aussprache des r im Deutschen, denn es ist im Schriftbild ein Konsonant und steht trotzdem hier im Kapitel der Mundöffnungslaute, da es wie ein Vokal realisiert wird.

Es wird nur gesprochen, wenn das r nach langen Vokalen am Ende des Wortes oder vor einem Konsonanten steht, Beispiel: dir [di:ᵄ], gelehrt [gəlˈe:ᵄt]. Außerdem wird das r in allen Vorsilben und Endungen vokalisiert gesprochen. Bei letzteren allerdings nur, wenn auf das r kein Vokal folgt.

Bildung

Zunge	entspannt sich an der Stelle, an welcher die Zungenhebung des vorangehenden Vokals war.
Zungenspitze	liegt am Aktivpunkt.
Kieferöffnung	ist wie beim vorhergehenden Vokal.
Lippen	sind unbeteiligt.

© Frank & Timme Verlag für wissenschaftliche Literatur

Gaumensegel ist beim Sprechen gehoben, beim Singen öffnet es die Räume über dem Mundraum für den Klang.

Besonderheiten beim Singen

Immer mehr Dirigent*innen und Korrepetitor*innen fordern, dass das vokalisierte-r beim Singen genauso wie beim Sprechen realisiert wird. Allerdings muss im klassischen Gesang aus Verständnisgründen das r nach langem a [aː] immer als Zungenspitzen-r realisiert werden.

In den Vorsilben her-, ver-, zer-, er- und in der Endung -er wird der Schwa-Laut [ə] gar nicht mehr gesprochen, sondern nur noch das vokalisierte-r. Das geht beim Singen aus ästhetischen Gründen nicht. Hier empfehle ich vor dem vokalisierten-r ein abphrasiertes [ɛ] zu singen.

Ausspracheregel

silbisch realisiert	unsilbisch realisiert
In den Vorsilben her-, ver-, zer-, er- hervor [hɐf'o:ᵄ] beim Singen [həᵄf'o:ᵄ] versingen [fɐz'ɪŋən] beim Singen [fəᵄz'ɪŋən] zerfließen [tsɐfl'i:sn̩] beim Singen [tsəᵄfl'i:sən] erleben [ɐl'e:bm̩] beim Singen [əᵄl'e:bən]	Nach langem Vokal (außer [a]) der [de:ᵄ] mir [mi:ᵄ] geführt [gəf'y:ᵄt] vor [fo:ᵄ] Uhr [u:ᵄ] Im Plural wird das r konsonantisch gesprochen: Uhren ['u:ʁən] beim Singen ['u:rən]
In den Endungen -er, -ern, -ers, -ert geehrt [gə'e:ɐt] Sänger [z'ɛŋɐ], beim Singen [z'ɛŋəᵄ] Folgt nach der Endung allerdings die weibliche Endung -in, wird das r konsonantisch gesprochen: Sängerin [z'ɛŋəʁɪn] beim Singen [z'ɛŋərɪn]	In der akzentuierten Vorsilbe her- herstellen [h'e:ᵄ ʃtɛln̩], beim Singen [h'e:ᵄʃtɛlən]

2.11 Der Vokaleinsatz oder Glottisschlag

Der **Glottisschlag**, umgangssprachlich Glottis genannt, ist charakteristisch für die deutsche Sprache und wird ausschließlich angewendet, wenn eine Silbe mit einem Vokal, Umlaut oder Diphthong beginnt.

Bildung

Durch plötzliches Lösen des Verschlusses der Stimmlippen entsteht zu Beginn des Vokals ein leichtes Knackgeräusch. Dieses Geräusch wird Glottisschlag genannt.

Beim Singen verwende ich den Begriff **Vokaleinsatz** statt des Begriffes Glottisschlag. Ein leichtes Knackgeräusch zu Beginn eines Vokals sollte beim klassischen Singen vermieden werden. Trotzdem brauchen wir fürs Verstehen des deutschen Textes die Verdeutlichung der Wort- und Silbengrenzen.

Besonderheit beim klassischen Singen:

Beim Singen, besonders im Legato, sollte der Vokaleinsatz und nicht der Glottisschlag angewendet werden. Durch bewusstes Öffnen des Vokals im Klang (Vokaleinsatz), kann der Eindruck der Silbengrenze erweckt werden. Den Vokal immer weich mit einem guten Kontakt zum Zwerchfell öffnen. Der Vokal darf allerdings **nie** behaucht beginnen, da sich sonst die Wortbedeutung ändern kann, denn der Laut [h] ist ein eigenständiger Laut im Deutschen.

Kein Glottisschlag

wenn die Endung mit Vokal beginnt	Freier [fʁ̥ˈaɛ̯ɐ] beim Singen [fr̥ˈaɛ̯əᵊ] Ehe [ˈeːə] bereuen [bəʁˈɔœ̯ən], beim Singen [bərˈɔœ̯ən]
wenn eine Verschiebung der Sprechsilbengrenze zum allgemeinen Sprechgebrauch gehört	hinein [hɪnˈaɛ̯n] voran [foːʁˈan] beim Singen [foːrˈan] darin [daːʁˈɪn] beim Singen [daːrˈɪn] **aber:** vorerst [fˈoːᵊʔeːᵊst]

© Frank & Timme Verlag für wissenschaftliche Literatur

3 Enge-Laute

3.1 Die Enge-Laute im Überblick

Enge-Laute heißen in der Fachsprache Frikative (außer l). Es sind die Laute, die durch eine Enge im Mund oder Kehlkopf realisiert werden.

Enge-Laute können mit Stimme gebildet werden, dann sind sie stimmhaft. Wenn der Laut ohne Stimme gebildet wird, nennt man ihn stimmlos.

Die Enge-Laute im Deutschen sind im deutschen Schriftbild folgende Buchstaben:

geschrieben	**gesprochen** stimmhaft	 stimmlos
H h		[h]
R r	[ʁ] ; [R] ; [r]	
ch nach a,o,u,au		[x]
Ch und ch nach i, e, ü, ö, ei, ai, ey, ay, eu, äu		[ç]
J j	[j]	
Sch sch		[ʃ]
S s ß	[z]	[s]
L l	[l]	
W w, F f, V v, Ph ph	[v]	[f]

3.1.1 Allgemeine Ausspracheregeln

Stimmlose Enge-Laute werden immer stimmlos realisiert.

Stimmhafte Enge-Laute (außer [l]) verlieren ihre Stimmhaftigkeit, wenn sie nach einem stimmlosen Laut stehen. Das gilt auch silben- und wortübergreifend.

Beispiele: frei [fʁ̥aɛ̯] [fʀ̥aɛ̯] beim Singen [fr̥aɛ̯]
absagen [ˈapz̥aːgŋ] beim Singen [ˈapz̥aːgən]
und Raum [ʊnt͡ʁ̥aɔ̯m] beim Singen [ʊnt͡r̥aɔ̯m]

Gleiche Enge-Laute werden nur einmal realisiert. Das gilt auch silben- und wortübergreifend.

Beispiele: irren [ˈɪʁən] beim Singen [ˈɪrən]
aussingen ['aɔ̯sz̥ɪŋən]
es sei [es‿z̥aɛ]

w, v und s am Wort- und Silbenende werden immer stimmlos als [f] bzw. [s] realisiert.

Beispiele: ew'ge [ˈeːfg̊ə]
Ausweg [ˈaɔ̯sv̥eːk]

3.2 Der Hauchlaut H h: [h]

Bildung

Dieser Laut wird nicht im Mund gebildet, sondern im Kehlkopf an den Stimmlippen.

Die Luft, die durch die Stimmritze strömt, erzeugt ein schwaches Reibegeräusch. Das Gaumensegel ist gehoben. Der nachfolgende Mundöffnungslaut ist dabei im Mund schon eingestellt und erklingt sofort danach. Deshalb berührt die Zungenspitze bewusst den Aktivpunkt.

Bildungshilfe

Das Geräusch wird auch erzeugt, wenn man stöhnt oder z. B. einen Spiegel behaucht. Wenn das h richtig gesprochen wird, strömt warme Luft aus dem Mund.

 © Frank & Timme Verlag für wissenschaftliche Literatur

Besonderheit beim Singen

Der Laut [h] ist wie ein Ton zu singen, der mit etwas Luft beginnt.

Ausspracheregel

h wird gesprochen	**Im Silbenanlaut vor Vokalen** Haltung [h'altʊŋ] Inhalt ['ɪnhɑlt]
h wird nicht gesprochen	**nach langem Vokal,** denn dann hat es die Funktion eines Dehnungs-h (dehnt den vorhergehenden Vokal in die Länge) Sohn [zo:n] **vor Endungen** Ehe ['e:ə] gehen [g'e:ən] Drehung [dʁ'e:ʊŋ] beim Singen [dr'e:ʊŋ] ruhig [ʁ'u:ɪç] beim Singen [r'u:ɪç] **Nach r, t, k wenn diese Buchstaben der gleichen Silbe angehören** Rhythmus [ʁ'ʏtmʊs] beim Singen [r'ʏtmʊs]

Schreibweise ph siehe bei f, Seite 58

3.3 Der Reibelaut am weichen Gaumen und der Vibrant R r: [ʁ], [ʀ] und [r]

Bildung

Das R r ist grundsätzlich stimmhaft und kann als Reibelaut oder als Vibrant (Zäpfchen oder Zungenspitze) gebildet werden.

Der Reibelaut [ʁ]:

Zunge	Der hintere Teil des Zungenrückens wölbt sich zum weichen Gaumen und bildet dort eine Enge. Die ausströmende Luft erzeugt an dieser Stelle ein leichtes Reibegeräusch.
Zungenspitze	berührt dabei bewusst den Aktivpunkt.
Kieferöffnung	richtet sich nach den Lauten davor und/oder danach.
Lippen	richten sich nach den Lauten davor und/oder danach.
Gaumensegel	ist gehoben und verschließt den Nasenraum.

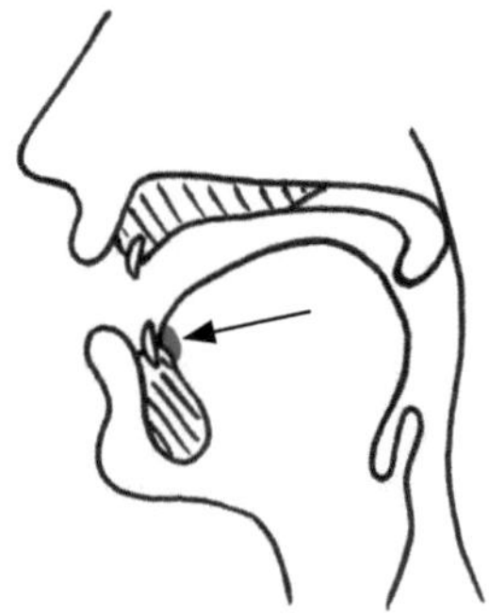

Der Reibelaut [ʁ]

Der Zäpfchen-Laut [ʀ]:

Zunge	Der hintere Zungenrücken wölbt sich zum Zäpfchen auf und bildet da eine Enge. Die ausströmende Luft bringt das Zäpfchen zum Schwingen, wodurch das [ʀ] entsteht.
Zungenspitze	berührt dabei bewusst den Aktivpunkt.
Kieferöffnung	richtet sich nach den Lauten davor und/oder danach.
Lippen	richten sich nach den Lauten davor und/oder danach.
Gaumensegel	ist gehoben und verschließt den Nasenraum.

 © Frank & Timme Verlag für wissenschaftliche Literatur

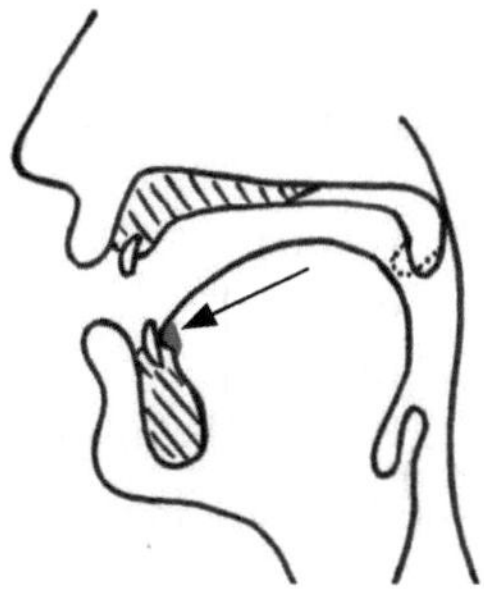

Der Zäpfchen-Laut [ʀ]

Da der Reibelaut [ʁ] am gebräuchlichsten ist, wird in den meisten Beispielen nur dieser Laut erwähnt. Allerdings kann an dessen Stelle immer auch das Zäpfchen-r [ʀ] gesprochen werden.

Besonderheiten beim Singen

Im klassischen Gesang wird statt des [ʁ] oder [ʀ] in jedem Fall ein Zungenspitzen-r [r] realisiert.

Bildung des Zungenspitzen-r [r]:

Zungenspitze	berührt den Zungenruhepunkt und beginnt bei der Ausatmung dort zu flattern, wodurch das [r] entsteht.
Kieferöffnung	richtet sich nach den Lauten davor und/oder danach.
Lippen	richten sich nach den Lauten davor und/oder danach.
Gaumensegel	ist gehoben und verschließt den Nasenraum.

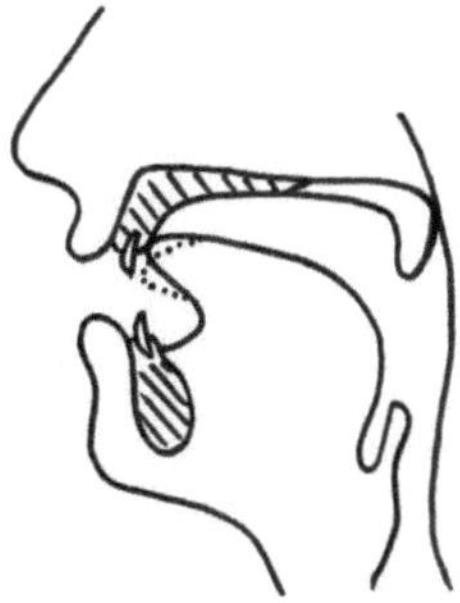

Zungenspitzen-r [r]

Ausspracheregeln

stimmhaft	Im Silbenanfang vor einem Vokal Rose verraten [ʁˈoːzə] [fɐʁˈaːtn̩] [ʀˈoːzə] [fɐʀˈaːtn̩] [rˈoːzə] [fɐrˈaːtn̩] beim Singen [fɐrˈaːtən]
	Zwischen 2 Vokalen (auch in Endungen) zieren harren Sängerin [tsˈiːʁən] [hˈaʁən] [zˈɛŋəʁɪn] [tsˈiːʀən] [hˈaʀən] [zˈɛŋəʀɪn] [tsˈiːrən] [hˈarən] [zˈɛŋərɪn]
	Nach stimmhaften Verschluss- oder Reibelaut grün Bruder Drama [gʁyːn] [bʁˈuːdɐ] [dʁˈaːmaː] [gʀyːn] [bʀˈuːdɐ] [dʀˈaːmaː] [gryːn] [brˈuːdɐ] [drˈaːmaː]
stimmlos	Nach stimmlosen Verschluss- oder Reibelauten Freude Triumph [fʁ̥ˈɔœ̯də] [tʁ̥iˈʊmf] [fʀ̥ˈɔœ̯də] [tʀ̥iˈʊmf] [fr̥ˈɔœ̯də] [tr̥iˈʊmf]
vokalisiert	siehe Seite 40

© Frank & Timme Verlag für wissenschaftliche Literatur

3.4 Der Reibelaut am weichen Gaumen ch: [x]

Bildung

Das ch, wenn es nach a, o, u und au geschrieben steht, ist ein stark gespannter stimmloser Reibelaut [x].

Zunge	Der hintere Teil des Zungenrückens wölbt sich zum weichen Gaumen. Die ausströmende Luft erzeugt an dieser Stelle ein starkes Reibegeräusch.
Zungenspitze	berührt dabei bewusst den Aktivpunkt.
Kieferöffnung	richtet sich nach den Lauten davor und/oder danach.
Lippen	richten sich nach den Lauten davor und/oder danach.
Gaumensegel	ist gehoben und verschließt den Nasenraum.

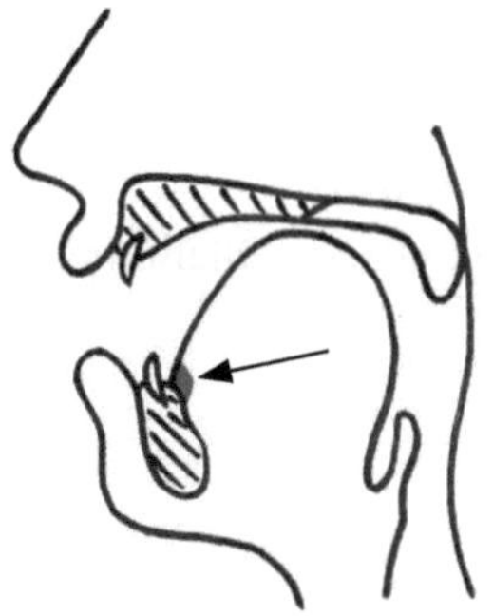

Reibelaut am weichen Gaumen [x]

Ausspracheregel

Schreibweise ch nach a, o, u, und au	Bach [bax] hoch [ho:x] suchen [z'u:xn̩] beim Singen [z'u:xən] Rauch [ʁao̯x] beim Singen [rao̯x]
Schreibweise cch (bei Wörtern aus dem Griechischen)	Bacchus [b'axʊs]

3.5 Der Reibelaut am harten Gaumen J j, Ch und ch: [j̬] und [ç]

Bildung

Das ch, wenn es nach e, i, ö, ü, ei, ai, ey, ay, eu und äu geschrieben steht, ist ein stark gespannter, kräftiger, stimmloser Reibelaut [ç].

Das J j ist weniger stark gespannt und stimmhaft [j]. Das Reibegeräusch ist schwach.

Zunge	Die Seitenränder der Zunge liegen an den Backenzähnen an. Der mittlere Zungenrücken wölbt sich zum vorderen harten Gaumen empor und bildet dort eine Enge. Die ausströmende Luft wird durch diese Enge geleitet, sodass ein Reibegeräusch entsteht.
Zungenspitze	berührt bewusst den Aktivpunkt.
Kieferöffnung	ist gering.
Lippen	sind nicht beteiligt.
Gaumensegel	ist gehoben und verschließt den Nasenraum.

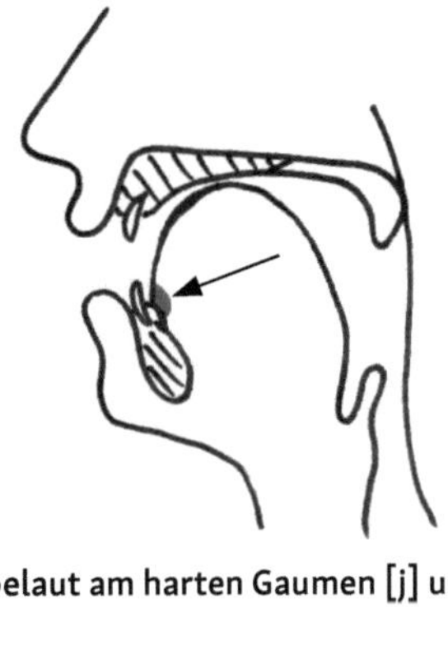

Reibelaut am harten Gaumen [j] und [ç]

 © Frank & Timme Verlag für wissenschaftliche Literatur

Ausspracheregel

Schreibweise ch nach i, e, ü, ö, ei, ai, ey, ay, eu und äu	ich [ɪç] echt [ɛçt] Tücher [tˈyːçɐ] Töchter [tˈœçtɐ] Reich [ʁaɛ̯ç] beim Singen [raɛ̯ç] euch [ɔœ̯ç]
In einigen Worten am Wortbeginn	Chirurg [çiʁˈʊʁk]
In der Endung -chen	Stimmchen [ʃtˈɪmçən] Liedchen [lˈiːtçən]
Nach r	durch [dʊʁç]
Nach l	welche [vˈɛlçə]
In der Endung -ig	lustig [lˈʊstɪç] lustigste [lˈʊstɪçstə]

Besonderheiten Endung -ig

Endet das Wort mit der Endung -ig, oder folgt auf -ig ein Konsonant wird sie [ɪç] gesprochen.	lustig [lˈʊstɪç] lustigste [lˈʊstɪçstə]
Folgt auf die Endung -ig ein Vokal wird sie [ɪg] gesprochen.	lustige [lˈʊstɪgə]
Folgt auf die Endung -ig eine Silbe, die auf [ç] endet, wird die Endung -ig wie [ɪk] gesprochen.	königlich [kˈøːnɪklɪç] Königreich [kˈøːnɪkʁ̥aɛ̯ç] beim Singen [kˈøːnɪkr̥aɛ̯ç]

Besonderheit [j̬]

Oft wird das Y am Anfang eines Wortes wie [j̬] gesprochen.	Yoga [j̬ˈoːgaː]

3.6 Der Reibelaut Sch sch: [ʃ]

Bildung

Zunge	liegt löffelförmig im Mundraum. Der vordere Zungenrand nähert sich dem Zahndamm der oberen Schneidezähne, berührt ihn aber nicht. An dieser Enge entsteht das Reibegeräusch.
Zungespitze	hat keinen Kontakt.
Kieferöffnung	Die Zahnreihen sind fast geschlossen.
Lippen	sind gestülpt.
Gaumensegel	ist gehoben und verschließt den Nasenraum.

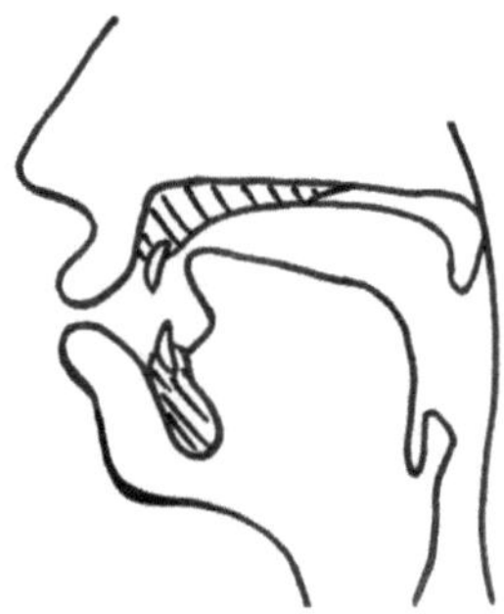

Reibelaut Sch sch [ʃ]

In deutschen Worten ist das [ʃ] ausnahmslos stimmlos.
Die stimmhafte Variante [ʒ] gibt es nur in Lehnwörtern aus dem Französischen.
Beispiel: Garage [gaʁˈa:ʒə] oder Journal [ʒʊʁnˈa:l]

Beachte

Bei Schreibweise st oder sp am Beginn eines Wortes oder einer Silbe wird das s wie [ʃ] gesprochen.	still [ʃtɪl] Spiel [ʃpi:l]
Ausnahme:	Stil [sti:l] staccato [stakˈa:to:]

Ausnahmen

Bei Schreibweise ch bei Wörtern, die aus dem Französischen stammen.	Champagner [ʃamp'anjɐ]
Bei Schreibweise c,cc bei Wörtern, die aus dem Italienischen stammen.	Cello [tʃ'ɛlo:]
Bei Schreibweise ch bei Worten, die aus dem Englischen stammen.	checken [tʃ'ɛkŋ̩] beim Singen [tʃ'ɛkən]

3.7 Der Reibelaut S s und ß: [s] und [z]

Der Reibelaut s kann stimmlos [s] oder stimmhaft [z] realisiert werden; ß und ss werden immer stimmlos [s] realisiert.

Bildung

Dieser Laut kann auf zwei verschiedene Arten gebildet werden:

Dorsal:

Zunge Die Zungenränder legen sich an den Zahndamm der oberen Backenzähne an. Der Zungenrücken wölbt sich nach oben in Richtung des oberen Zahndamms. ACHTUNG: Der Zungenrücken darf die oberen Schneidezähne nicht berühren! Die ausströmende Luft reibt sich an der gebildeten Enge und den Schneidezähnen und bildet dadurch das für das s typische Geräusch.

Zungenspitze berührt bewusst den Aktivpunkt.

Kieferöffnung Die Zahnreihen sind nahezu geschlossen.

Lippen sind nicht beteiligt.

Gaumensegel ist gehoben und verschließt den Nasenraum.

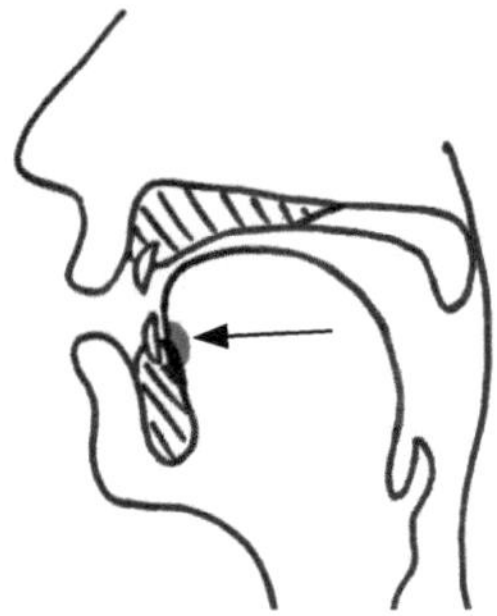

Reibelaut S s und ß:
[s] und [z] – dorsal

Apikal:

Zunge	Die Zungenränder legen sich an den Zahndamm der oberen Backenzähne an.
Zungenspitze	schwebt frei hinter dem oberen Zahndamm. ACHTUNG: Die Zungenspitze darf die Schneidezähne nicht berühren! Die ausströmende Luft reibt sich an der dort gebildeten Enge hinter den Schneidezähnen und bildet dadurch das für das s typische Geräusch.
Kieferöffnung	Die Zahnreihen sind nahezu geschlossen.
Lippen	sind nicht beteiligt.
Gaumensegel	ist gehoben und verschließt den Nasenraum.

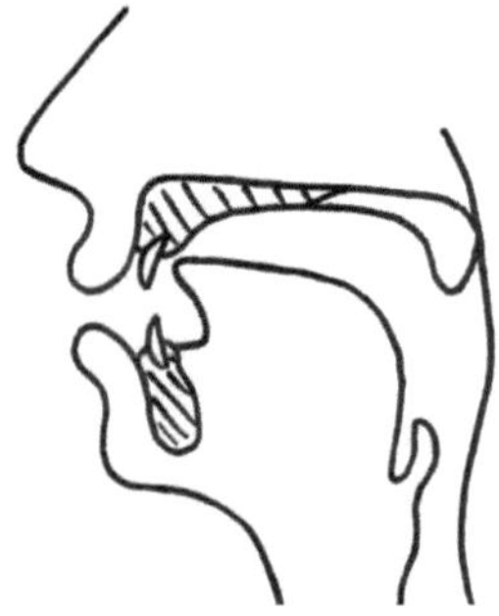

Reibelaut S s und ß:
[s] und [z] – apikal

 © Frank & Timme Verlag für wissenschaftliche Literatur

Besonderheit beim Singen

Beim Singen empfiehlt sich die dorsale Bildung des s, weil damit schneller wieder zum Klang geöffnet werden kann.

Ausspracheregel

Ob das s stimmhaft oder stimmlos gesprochen wird, richtet sich nach dessen Stellung im Wort:

stimmlos [s]	
im Silbenauslaut auch vor p und t	Epos [ˈeːpɔs] disponieren [dɪsponˈiːʁən] Akustik [akˈʊstɪk]
im Silbenanlaut vor und nach stimmlosem Konsonanten	Skandal [skandˈaːl] Rätsel [ʁˈɛːtsl̩] beim Singen [rˈɛːtsəl]
bei Schreibweise ss	Messe [mˈɛsə]

stimmhaft [z]	
im Wortanlaut	singen [zˈɪŋən]
im Silbenanlaut	Gesang [gəzˈaŋ]
s zwischen 2 Vokalen	Wiese [vˈiːzə]

3.8 Der Laterallaut L l: [l]

Bildung

Das [l] ist ein stimmhafter Laut.

Zunge Der vordere Zungenrand liegt am oberen Zahndamm und bildet dort einen Verschluss. Die Zungenränder nähern sich den oberen Backenzähnen. Es entsteht eine Enge zwischen den seitlichen Zungenrändern und den Backenzähnen, durch die der Klang entweicht.

Zungenspitze ist aktiv am physiologischen Zungenruhepunkt.

Kieferöffnung ist gering.

Lippen sind nicht beteiligt.

Gaumensegel ist gehoben und verschließt den Nasenraum.

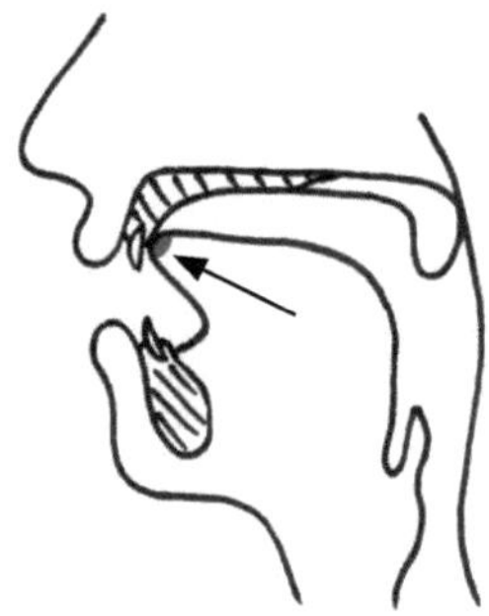

Laterallaut L l [l]

3.9 Die Reibelaute W w, F f, V v und Ph ph: [v] und [f]

Bildung

Zunge ist nicht an der Bildung dieses Lautes beteiligt und hat deshalb schon die Stellung des folgenden Lautes.

Zungenspitze ist am Aktivpunkt.

Kieferöffnung ist gering, aber vorhanden.

 © Frank & Timme Verlag für wissenschaftliche Literatur

Lippen	Die Oberlippe ist nicht beteiligt. Die Unterlippe liegt mit ihrem Innensaum an der unteren Kante der oberen Schneidezähne. In dieser Enge reibt sich die ausströmende Luft.
Gaumensegel	ist gehoben und verschließt den Nasenraum.

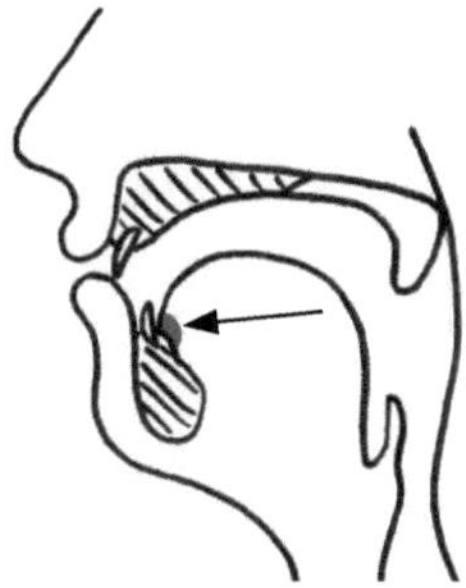

Reibelaute W w, F f, V v und Ph ph:
[v] und [f]

F f und Ph ph werden stimmlos realisiert [f].
W w wird stimmhaft realisiert [v].
V v kann stimmlos [f] und stimmhaft [v] realisiert werden.

Ausspracheregel V v

stimmlos [f]	**stimmhaft [v]**
im Silbenanlaut und vor l Vater [f'a:tɐ] Vlies [fli:s]	vor Vokal im Wort- und Silbenanlaut eingedeutschter Wörter (und einigen deutschen Namen) Vibrato [vibʁ'a:to:] beim Singen [vɪbr'a:to:] Klavier [klav'i:ɐ]
im Wort- und Silbenauslaut brav [bʁa:f] beim Singen [bra:f] Levkoje [lɛfk'o:jə]	zwischen zwei Vokalen brave [bʁ'a:və] beim Singen [br'a:və]

4 Verschlusslaute

4.1 Die Verschlusslaute im Überblick

Verschlusslaute sind alle Laute, die durch einen Verschluss im Mund gebildet werden, entweder mit den Lippen oder der Zunge. Dabei ist die Zahnreihe immer leicht geöffnet.

In der Fachsprache sind das die Plosive. Aber auch alle Nasale werden durch einen Verschluss im Mund gebildet und sind deshalb ebenfalls bei den Verschlusslauten zu finden.

Die Nasale werden immer mit Stimme realisiert.

Die Plosive können mit und ohne Stimme realisiert werden. Werden die Laute mit Stimme gebildet, werden sie als stimmhaft bezeichnet. Werden sie ohne Stimme gesprochen, werden sie als stimmlos bezeichnet.

Buchstabe	Laut	Realisierung
M m	[m]	ist ein Nasal Lippen bilden den Verschluss, das Gaumensegel ist offen
P p	[p]	ist ein stimmloser Plosiv Lippen bilden den Verschluss, das Gaumensegel ist geschlossen
B b	[b]	ist ein stimmhafter Plosiv Lippen bilden den Verschluss, das Gaumensegel ist geschlossen
N n	[n]	ist ein Nasal Zungenspitze und -rand bilden am Zahndamm hinter den oberen Zähnen den Verschluss, das Gaumensegel ist offen
T t	[t]	ist ein stimmloser Plosiv Zungenspitze und -rand bilden am Zahndamm hinter den oberen Zähnen den Verschluss, das Gaumensegel ist geschlossen

Buchstabe	Laut	Realisierung
D d	[d]	ist ein stimmhafter Plosiv Zungenspitze und -rand bilden am Zahndamm hinter den oberen Zähnen den Verschluss, das Gaumensegel ist geschlossen
ng	[ŋ]	ist ein Nasal Zungenrücken bildet am harten Gaumen den Verschluss, das Gaumensegel ist offen
K k	[k]	ist ein stimmloser Plosiv Zungenrücken bildet am harten Gaumen den Verschluss, das Gaumensegel ist geschlossen
G g	[g]	ist ein stimmhafter Plosiv Zungenrücken bildet am harten Gaumen den Verschluss, das Gaumensegel ist geschlossen

Beachte

1. **Aufeinanderfolgende gleiche Verschlusslaute** (auch wort- und silbenübergreifend) werden nur einmal gelöst.
   Beispiel: abbauen [ˈap͡b̥aɔ̯ən]
   und du [ʊnt‿d̥uː]
2. **b, d und g am Wort- und Silbenende** werden immer als stimmlose Plosive [p], [t] und [k] realisiert. Die Nasale behalten ihre Stimmhaftigkeit!
   Beispiele: ab [ap], und [ʊnt], sag [zaːk]
   am [am], hin [hɪn], sang [zaŋ]
3. **b, d, g nach stimmlosen Konsonanten** verlieren ihre Stimmhaftigkeit. Das gilt silben- und wortübergreifend.
   Beispiele: entbehren [ɛntb̥ˈeːʁən] beim Singen [ɛntb̥ˈeːrən]
   bist du [bɪs͡td̥uː]

 © Frank & Timme Verlag für wissenschaftliche Literatur

4.2 Der Nasal M m: [m]

Bildung

Das [m] ist ein stimmhafter Laut.

Zunge	ist nicht an der Bildung dieses Lautes beteiligt und hat deshalb schon die Stellung des folgenden Lautes.
Zungenspitze	berührt aktiv den Aktivpunkt.
Kieferöffnung	Die Zahnreihen sind leicht geöffnet.
Lippen	bilden den Verschluss, indem sie locker aufeinander liegen.
Gaumensegel	hängt. Dadurch kann der Klang durch die Nase entweichen.

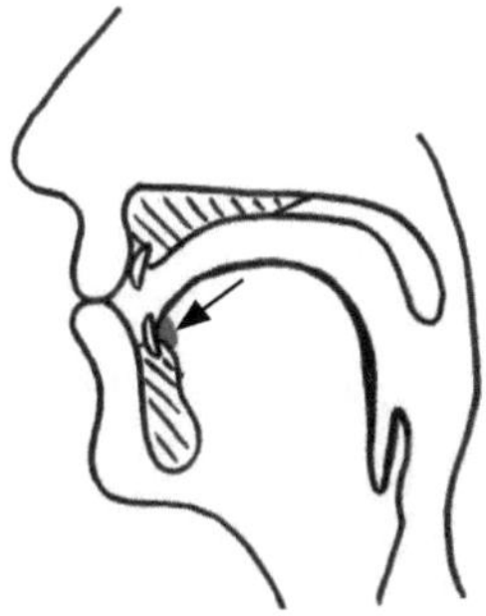

Nasal M m [m]

Besonderheit beim Singen

[m] ist ein klingender Laut. Um ein klingendes, tragfähiges [m] zu singen, muss der Mundraum bis zu den Lippen mitklingen. Wenn das [m] über längere Zeit gesungen werden muss, z. B. beim Summen und es schwierig ist, den Kiefer geöffnet zu halten, empfehle ich mit der Zungenspitze aktiv den Zungenruhepunkt zu berühren.

Ausspracheregel

Das m wird immer stimmhaft gesprochen.
Schreibweise mm wird wie ein m gesprochen. Beispiel: summen [z'ʊmən]

4.3 Die Verschlusslaute P p und B b: [p] und [b]

Bildung

Zunge	ist nicht an der Bildung dieses Lautes beteiligt und hat deshalb schon die Stellung des folgenden Lautes.
Zungenspitze	berührt aktiv den Aktivpunkt.
Kieferöffnung	Die Zahnreihen sind leicht geöffnet.
Lippen	liegen aufeinander und bilden einen Verschluss hinter dem sich der Ausatemstrom aufstaut. Der Laut entsteht durch Lösen des Verschlusses.
Gaumensegel	ist gehoben und verschließt den Nasenraum.

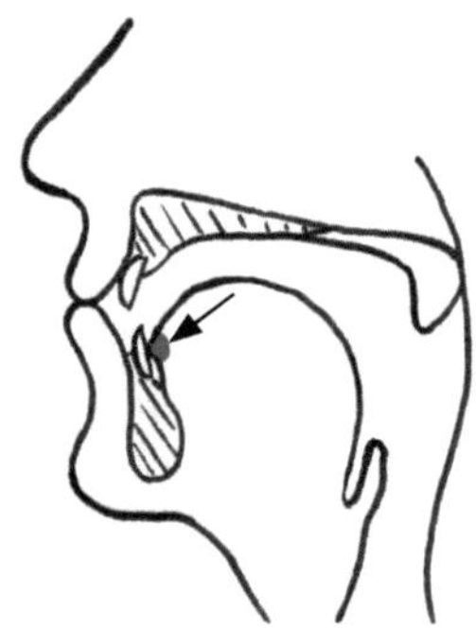

**Verschlusslaute P p und B b:
[p] und [b]**

Bei [p] ist der Verschluss fester und das Explosionsgeräusch beim Lösen des Verschlusses deutlich. Eine leichte Behauchung ist zu vernehmen. Die Luft, die zu hören ist, ist die Luft, die sich direkt hinter den Lippen befindet und beim Öffnen des Verschlusses nach draußen explodiert. Das p ist immer stimmlos.

Bei [b] wird der Verschluss weich und mit Stimme geöffnet. Das b kann auch in verschiedenen Stellungen im Wort seine Stimmhaftigkeit verlieren oder sogar als p realisiert werden.

© Frank & Timme Verlag für wissenschaftliche Literatur

b wird als [p] realisiert	b wird stimmlos [b̥] realisiert
am Wort – und Silbenende	nach stimmlosem Konsonant
Liebste [l'i:pstə]	aufbrausen ['ɑɔ̯fb̥ʁ̥ɑɔ̯zn̩] beim Singen ['ɑɔ̯fb̥ɾ̥ɑɔ̯zən]
Lob [lo:p]	

4.4 Der Nasal N n: [n]

Bildung

Das [n] ist ein stimmhafter Laut.

Zunge Die Zungenspitze und der Zungenrand liegen an der Innenseite des oberen Zahndamms an und bilden dort einen Verschluss.

Zungenspitze berührt aktiv den Zungenruhepunkt.

Kieferöffnung Die Zahnreihen sind geöffnet.

Lippen sind nicht beteiligt.

Gaumensegel hängt. Dadurch kann der Klang durch die Nase entweichen.

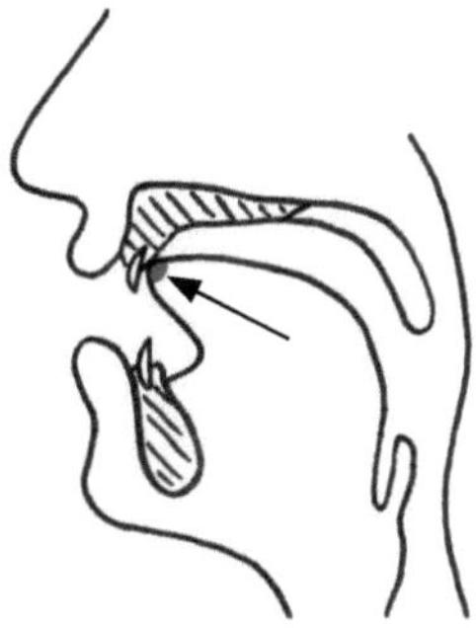

Nasal N n [n]

Besonderheit beim Singen

[n] ist ein klingender Laut. Um ein klingendes, tragfähiges [n] zu singen, muss der Mundraum bis zum Verschluss mitklingen und die Zungenspitze muss den Zungenruhepunkt aktiv berühren.

Ausspracheregel

Das n wird immer stimmhaft gesprochen.
Schreibweise nn wird wie ein n gesprochen. Beispiel: Sonne [zˈɔnə]
Ausnahme ist die Schreibweise ng oder nk in einer Silbe (siehe [ŋ], S. 67)

4.5 Die Verschlusslaute T t und D d: [t] und [d]

Bildung

Zunge	Die Zungenspitze und der Zungenrand liegen an der Innenseite des oberen Zahndamms an und bilden dort einen Verschluss hinter dem sich der Ausatemstrom aufstaut. Der Laut entsteht durch Lösen des Verschlusses.
Zungenspitze	berührt aktiv den Zungenruhepunkt.
Kieferöffnung	Die Zahnreihen sind geöffnet.
Lippen	sind nicht beteiligt.
Gaumensegel	ist gehoben und verschließt den Nasenraum.

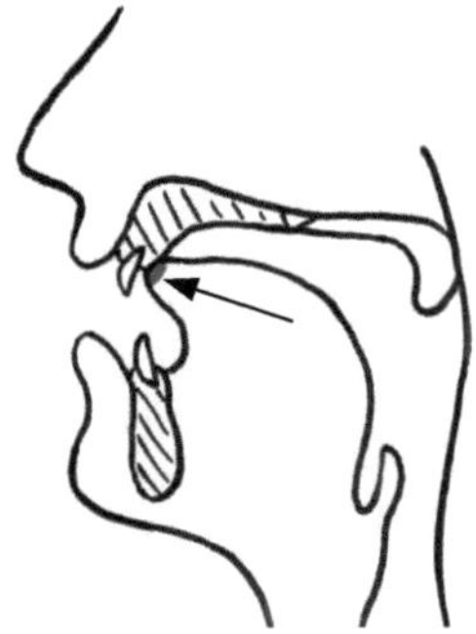

Verschlusslaute T t und D d:
[t] und [d]

Bei [t] ist der Verschluss fester und das Explosionsgeräusch beim Lösen des Verschlusses deutlich. Eine leichte Behauchung ist zu vernehmen. Die Luft, die zu hören ist, ist die Luft, die sich direkt hinter der Zungenspitze befindet

 © Frank & Timme Verlag für wissenschaftliche Literatur

und beim Öffnen des Verschlusses nach draußen explodiert. Das t wird immer stimmlos realisiert.

Bei [d] wird der Verschluss weich und mit Stimme geöffnet. Das d kann auch in verschiedenen Stellungen im Wort seine Stimmhaftigkeit verlieren oder sogar als [t] realisiert werden.

d wird als [t] realisiert	d wird stimmlos [d̥] realisiert
am Wort- und Silbenende	nach stimmlosem Konsonant
Mund [mʊnt]	ausdrücken [ˈaɔ̯sd̥ʁ̥ʏkŋ] beim Singen [ˈaɔ̯sd̥ɾ̥ʏkən]

4.6 Der Nasal in -ng und -nk: [ŋ]

Bildung

[ŋ] ist ein stimmhafter Laut.

Zunge	Der Zungenrücken wölbt sich zum hinteren harten Gaumen und bildet dort einen Verschluss.
Zungenspitze	berührt bewusst den Aktivpunkt.
Kieferöffnung	ist gering, aber vorhanden.
Lippen	sind nicht beteiligt.
Gaumensegel	hängt. Dadurch kann der Klang durch die Nase entweichen.

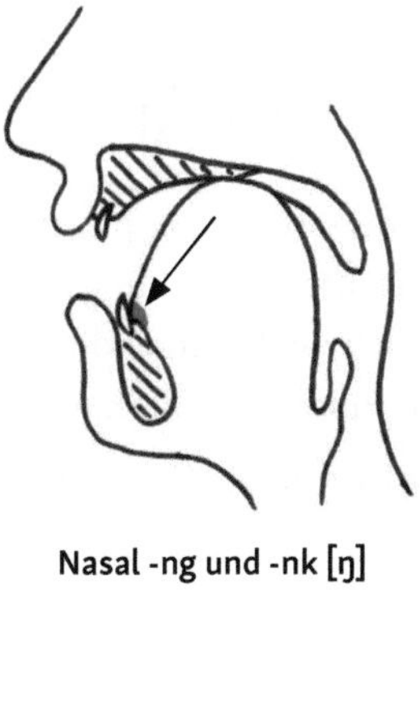

Nasal -ng und -nk [ŋ]

Bei Schreibweise -ng in einer Silbe wird nur der Nasal [ŋ] gesprochen.	Klang [klaŋ]
Bei Schreibweise -nk in einer Silbe wird das k auch realisiert [ŋk].	Trank [tʁ̥aŋk] beim Singen [tr̥aŋk]

4.7 Die Verschlusslaute K k und G g: [k] und [g]

Bildung

Zunge Der Zungenrücken wölbt sich zum harten Gaumen und bildet dort einen Verschluss hinter dem sich der Ausatemstrom aufstaut. Der Laut entsteht durch Lösen des Verschlusses.

Zungenspitze berührt bewusst den Aktivpunkt.

Kieferöffnung ist gering aber vorhanden.

Gaumensegel ist gehoben und verschließt den Nasenraum.

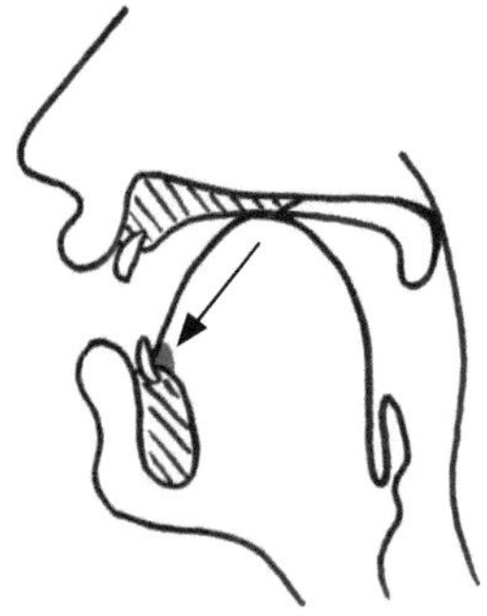

Verschlusslaute K k und G g: [k] und [g]

Bei [k] ist der Verschluss fester und das Explosionsgeräusch beim Lösen des Verschlusses deutlich. Eine leichte Behauchung ist zu vernehmen. Die Luft, die zu hören ist, ist die Luft, die sich direkt hinter der Verschlussstelle befindet und beim Öffnen nach draußen explodiert. Das k wird immer stimmlos realisiert.

[k] wird auch bei einigen Wörtern, die mit ch beginnen gesprochen.	Choral [koʁ'a:l] beim Singen [kor'a:l]

 © Frank & Timme Verlag für wissenschaftliche Literatur

Bei [g] wird der Verschluss weich und mit Stimme geöffnet. Das g kann allerdings auch in verschiedenen Stellungen im Wort seine Stimmhaftigkeit verlieren oder sogar als [k] realisiert werden.

g wird als [k] realisiert	**g wird stimmlos [g̥] realisiert**
am Wort- und Silbenende Tag [ta:k]	im Silbenanlaut nach stimmlosen Konsonanten abgeben [ˈapg̥e:bm̩] beim Singen [ˈapg̥e:bən]

Die Regel für die Aussprache des g in der Endung -ig steht bei [ç] auf Seite 52.

5 Die Konsonantenverbindungen

5.1 X x und -chs: [ks]

Ausspracheregel

Der Buchstabe X, x und die Buchstabenverbindung -chs werden als Lautfolge [ks] gesprochen. Es darf kein Laut wegfallen und dazwischen dürfen keine Vokale gesprochen werden.	Nixe [nˈɪksə] Fuchs [fʊks]
Ausnahme:	höchste [hˈøːçstə] (Das ch gehört zur Stammsilbe; das s gehört zur Endung)

5.2 Pf pf: [pf]

Ausspracheregel

Die Buchstabenverbindung Pf pf wird als Lautfolge [pf] gesprochen. Es darf kein Laut wegfallen und dazwischen dürfen keine Vokale gesprochen werden.	Pfad [pfaːt]

5.3 Qu qu: [kv̥]

Ausspracheregel

Die Buchstabenverbindung Qu qu wird als Lautfolge [kv̥] gesprochen. Es darf kein Laut wegfallen und dazwischen dürfen keine Vokale gesprochen werden.	Qual [kv̥aːl] Requiem [ʁˈeːkv̥iɛm] beim Singen [rˈeːkv̥iɛm]
Ausnahme:	Quarantäne [kaʁantˈɛːnə]

5.4 Z z: [ts]

Ausspracheregel

Der Buchstabe Z z wird als Lautfolge [ts] gesprochen.	Zunge [ts'ʊŋə] Schatz [ʃats]

Bildung mit apikalem s:
t wird durch aktive Berührung des physiologischen Ruhepunktes gebildet. Zungenspitze stößt sich davon ab, um das apikale s zu bilden. (Bildung der einzelnen Laute siehe bei t und s)

Bildung mit dorsalem s:
Hier bleibt die Zungenspitze am Aktivpunkt. Der Zungenrücken wölbt sich für das t zum harten Gaumen und bildet dort einen Verschluss, welcher mit dem Lösen zu einem dorsalem s wird.

 © Frank & Timme Verlag für wissenschaftliche Literatur

6 Die Intonation der deutschen Sprache

6.1 Allgemeines

Die **Sprechmelodie**, die **Betonung** in Wort und Wortgruppen, die **Pausen** aber auch der **Stimmklang** werden allgemein die Intonation der Sprache genannt. Die Betonungen in Wort und Wortgruppen und die Pausen in der Sprache bilden ihren Rhythmus. Diese gliedernden Elemente der Sprache finden sich genauso auch in der Musik.

Beim Sprechen ist die Intonation für das Verstehen des Inhaltes sehr wichtig, denn sie macht die Satzzeichen der geschriebenen Sprache hörbar und stellt Bezüge zwischen den Worten her. Sie verdeutlicht Sinnzusammenhänge und -schwerpunkte.

Der Stimmklang bringt die Emotion in die Sprache und kann den Sinn der Worte umkehren (Ironie).

6.2 Die Betonung im Wort

Jedes mehrsilbige Wort hat (nur!) **einen** Wortakzent. Dieser ist nach Regeln festgelegt.

Beachte

Wortbetonungen (auch Akzente genannt) können bedeutungsunterscheidend sein.

Beispiel: **Te**nor = grundsätzliche Einstellung
Te**nor** = hohe Männerstimme

Besonderheit beim Singen

Die betonte Silbe im Wort sollte immer den Schwerpunkt bekommen. Alle Silben, die davor oder danach stehen, müssen leichter gesungen werden, besonders dann, wenn die unbetonte Silbe im Notentext höher notiert ist als die betonte Silbe. Steht eine unbetonte Silbe auf der Zählzeit eins im Takt und die betonte Silbe auf einem unbetonten Taktteil, sollte ein guter Kompromiss mit der Musik gefunden werden, so muss beispielsweise nicht jede Zählzeit eins im Takt gleich schwer sein.

6.2.1 Der Wortakzent in deutschen Wörtern

Wie schon erwähnt, besteht die deutsche Sprache nicht nur aus deutschen Wörtern. Auch lateinische, griechische, französische und heutzutage auch immer mehr englische Wörter haben wir in die deutsche Sprache übernommen. Die deutschen Wörter und die Fremdwörter haben jeweils andere Betonungsregeln. Hier die Regeln für die deutschen Wörter:

Grundregel

gilt für alle mehrsilbigen Wörter	Die Betonung ist immer auf der Stammsilbe. **reden, Rednerin, Gerede, bereden**

Regel für spezielle Vorsilben oder Endungen

Bei folgenden Vorsilben und Endungen verlagert sich die Betonung im Wort von der Stammsilbe weg auf die entsprechende Vorsilbe oder Endung:

Vorsilben un- und ur-	Die Präfixe un- und ur- bekommen immer die Betonung. ungeübt, Uraufführung
Endung -ei	Das Suffix -ei bekommt immer die Betonung. Schneiderei

 © Frank & Timme Verlag für wissenschaftliche Literatur

Vorsilbe miss-	In Substantiven: Präfix miss- bekommt immer die Betonung. **Miss**achtung In Verben: Präfix miss- bekommt die Betonung, wenn zwischen miss- und dem Verbstamm noch eine Silbe ist. Wenn nicht, ist die Betonung auf der Stammsilbe. **miss**verstehen, miss**achten**

Betonung bei Buchstabenwörtern und Demonstrativ- oder Fragepronomen

Buchstabenwörter	Betonung ist auf dem letzten Buchstaben. GMD (Generalmusikdikrektor)
Demonstrativ- oder Fragepronomen	Betonung wechselt. Wird bestimmt durch die Position in der Äußerung und /oder dem Charakter der Frage. **Wa**rum muss ich hier schneller singen? Wa**rum** singen hier alle zu schnell?

6.2.2 Der Wortakzent in Fremdwörtern

Hier ist der Wortakzent abhängig von der Herkunft des Wortes. In der Regel kommen diese Worte aus dem Griechischen, Lateinischen, Französischen oder dem Englischen. Auch der Grad der Eindeutschung beeinflusst den Akzent des jeweiligen Wortes. Deshalb gibt es viele verschiedene Regeln. Hier sind die wichtigsten zusammengefasst:

bei langem Vokal auf letzter Silbe	Letzte Silbe wird betont So**pran**, Kla**vier**, Madri**gal**
Silbe -is/-ist in Substantiven	-ist bekommt die Betonung. Diese bleibt auch auf dieser Silbe, wenn danach noch andere z. B. Adjektivendungen kommen Sol**ist**, Sol**ist**in, sol**ist**isch
Endung -ieren	Hier bekommt die Silbe **-ier-** die Betonung und behält sie auch bei abgeleiteten Formen. altern**ier**en, Mark**ier**ung, Phras**ier**ungen
Endung -ion	-ion wird betont, wenn danach keine weitere akzentuierbare Endung folgt Nat**ion** aber: nation**al**
Silbe -or-	-or wird nicht betont, wenn sie am Ende des Wortes steht Korrepetitor Folgt danach aber noch eine oder mehrere Silben, bekommt -or die Betonung Korrepetit**or**en, Korrepetit**or**innen
Endung -ik	Dafür gibt es keine klaren Regeln. Wenn die Silbe davor einen langen Vokal hat, bekommt diese Silbe die Betonung. Chro**ma**tik, aber: Mus**ik**
Endung -iker	-iker wird nie betont. Die Wortbetonung ist immer direkt vor dieser Silbe. **Mus**iker, auch **Mus**ikerin
Fremdwort endet mit einer deutschen Endung	dann wird die vorletzte Silbe betont. har**mon**isch, mel**od**isch

© Frank & Timme Verlag für wissenschaftliche Literatur

6.3 Der Wortakzent bei zusammengesetzten Wörtern

Auch zusammengesetzte Wörter haben Betonungsregeln, die hier aufgeführt sind:

Determinativkomposita	sind Zusammensetzungen aus Bestimmungs- und Grundwort. Die Betonungen in den beiden Worten bleiben erhalten, doch die betonte Silbe des Bestimmungsworts bekommt den Hauptakzent. **O**pernabend, Kla**vier**konzert,
Kopulativkomposita	bestehen aus „gleichberechtigten" Wörtern und werden oft mit Bindestrich geschrieben. Der Wortakzent des 2. Wortes wird zum Hauptakzent. fortepiano
Drei- und mehrgliedrige Komposita	Das erste Wort ist das Bestimmungswort. Dessen betonte Silbe bekommt den Hauptakzent. **Zwölf***ton*technik, Eierschalen*soll*bruchstellenverursacher
Trennbar zusammengesetzte Verben	setzten sich zusammen aus einer Präposition und einem Verb. Die Präposition wird immer betont, auch wenn sie sich beim Konjugieren des Verbs von ihm abtrennt und ans Ende des Satzes geht. **über**setzen (Er setzt mit einer Fähre **über**.)
Untrennbare zusammengesetzte Verben	werden auf der Stammsilbe des Verbs betont. über**set**zen (Sie über**setzt** einen Text.)

Zahlenwörter	Hier wird bis 20 immer die erste Silbe betont. **Drei**zehn Ab 20 wird die letzte Zahl betont. einund**vier**zig, einhundert**elf**, zweitausenddreihun-dert**fünf**zig, achtzehnhundertzweiund**zwan**zig

Besonderheit beim Singen

Die betonte Silbe, die im zusammengesetzten Wort die Hauptbetonung bekommt, sollte immer den Schwerpunkt bekommen. Alle Silben davor und danach müssen leichter gesungen werden, besonders dann, wenn die unbetonte Silbe im Notentext höher notiert ist als die betonte Silbe. Das gilt auch, wenn die betonte Silbe des Wortes, welches nicht die Hauptbetonung bekommt, auf der Zählzeit eins im Takt steht. Besonders bei Mozart kommt dieser Fall sehr häufig vor.

Beispiel: Pamina „Nimmer kommt ihr Wonnestunden …" – Stunden ist auf der Zählzeit eins im Takt notiert. Die richtige Wortbetonung ist aber: **Won**nestunden.

6.4 Die Wortgruppenbetonung – der Rhythmus der Sprache

Eine Wortgruppe besteht aus Wörtern, die inhaltlich zusammengehören. Sie kann ein Satz sein. Eine Wortgruppe kann sich aber auch aus mehreren Äußerungen (Teilsätzen) zusammensetzen. Diese werden im Schriftbild in der Regel von Kommata, Semikolon, Bindestrichen und Bindewörtern (z. B. und, oder) kenntlich gemacht. Hörbar werden sie durch Pausen voneinander abgesetzt.

© Frank & Timme Verlag für wissenschaftliche Literatur

Immer **ein** Wort pro Wortgruppe wird besonders hervorgehoben. Die akzentuierte Silbe dieses Wortes bekommt die Betonung. Die Mittel der Betonung sind: • Lautstärkenunterscheidung = Dynamik • Tonhöhenunterscheidung = Melodie • Tempounterscheidung

Die Silbe, die die Hauptbetonung in einer Wortgruppe bekommt, wird etwas langsamer (gedehnter), etwas lauter/leiser, deutlicher und höher/tiefer als die benachbarten Silben gesprochen.

Auch die Wortgruppen haben Regeln der Betonung:

Das Wort, welches die **Hauptbetonung in einer Wortgruppe** bekommt, ist in der Regel **das letzte sinntragende Wort.** Das können Substantive, Adjektive, Adverbien oder Verben sein. Diesen Ton singst du immer **falsch.** Das ist meine **Rolle.**
Andere Wörter wie Artikel, Präpositionen, Pronomen und Konjunktionen bekommen nur die Betonung, wenn sie hinweisend gebraucht werden oder einen Gegensatz betonen: **Diesen** Ton – **dies**en Ton singst du immer falsch. **Meine** Rolle – das ist **meine** Rolle!
Bei Aufzählungen bekommt immer das letzte Wort die Hauptbetonung: Dafne, Julia und **Tanja**, ihr geht bitte nach **links.** Alice geht nach **rechts.**

Beachte

Alle Wortbetonungen bleiben erhalten! Allerdings ordnen sie sich der jeweiligen Hauptbetonung in einer Wortgruppe unter.

Die Wortgruppenbetonung ist immer auch situationsabhängig. Andere Bedingungen und Anforderungen in einer Szene oder Situation können die Wichtigkeit verändern und damit auch den Wortgruppenakzent auf die betonte Silbe eines anderen Wortes verschieben.

Besonderheit beim Singen

Die betonte Silbe in der Wortgruppe muss erkannt werden und das inhaltliche Ziel der Aussage sein. Oft ist der Wortgruppenakzent durch die Phrasierung in der Komposition zu erkennen. Auch hier gilt: in der Regel **eine** Hauptbetonung pro Wortgruppe/Phrase. Allerdings ist die Wortgruppenbetonung auch in Liedern und Arien situationsabhängig und kann sich durch eine andere Interpretation auf ein anderes Wort der Wortgruppe verschieben.

Die Hauptbetonung einer Wortgruppe muss nicht zwangsläufig auf dem höchsten Ton einer Phrase sein!

6.5 Die Pausen

Pausen gliedern das Gesprochene und machen es dadurch übersichtlich und inhaltlich nachvollziehbar. So werden Pausen am Ende einer Sinneinheit oder einer fertigen Aussage gesetzt. Sie können aber auch dafür genutzt werden, Wichtiges in einer Äußerung hervorzuheben. Dabei wird vor und/oder nach dem wichtigen Wort eine Pause gemacht. Die Länge der Pause hängt vom Tempo des Gesprochenen und von der Wichtigkeit des betonten Wortes ab.

Steht die Pause am Ende einer Aussage, macht sie deutlich, dass die Information beendet ist. Somit kann auch gedanklich pausiert werden, die Pause also leer sein. Hat die Pause allerdings die Funktion, ein Wort besonders wichtig zu machen, oder innerhalb einer Aussage zu gliedern, muss in der Pause der Inhalt weitergedacht werden! Dann spricht man von einer gefüllten Pause.

Pausen werden dort gesprochen, wo die Kommata stehen:
Tamino zu Papageno:
Du wüsstest nicht,   wo du geboren,   oder wer deine Eltern wären?

Tamino ist irritiert, dass Papageno nicht weiß, wo er geboren wurde:
Tamino zu Papageno:
Du wüsstest nicht, wo du   geboren,   oder wer deine Eltern wären?

 © Frank & Timme Verlag für wissenschaftliche Literatur

Tamino kann nicht verstehen, dass jemand nicht wissen kann, wer seine Eltern sind:

Tamino zu Papageno:

Du wüsstest nicht, wo du geboren, oder wer deine Eltern wären?

Besonderheit beim Singen

Beim Singen sind die Pausen durch die Komposition vorgegeben. Oft stehen sie auch innerhalb einer Wortgruppe. Wenn das der Fall ist, muss die Pause unbedingt gedanklich gefüllt sein, also weitergedacht werden, damit für die Zuhörenden der inhaltliche Zusammenhang nicht verloren geht.

6.6 Die Sprechmelodie

Die Sprechmelodie beschreibt die Variation der Stimmhöhe innerhalb eines Satzes. Sie ist in der gesprochenen Sprache wichtig, um Betonungen hervorzuheben und um den sachlichen als auch emotionalen Inhalt der gesprochenen Äußerung hörbar zu machen.

Beim Singen ist die Melodie allerdings vorgegeben und kann nicht variiert werden. Das Wissen um die Bedeutung der Melodieverläufe beim Sprechen kann Sänger*innen aber helfen, die Komposition inhaltlich besser zu verstehen.

Art des Gesprochenen	dazugehörige Sprechmelodie
Aussage sachliche Äußerung Frage mit Fragewort Gesprächsbeendigung	Melodieanstieg bis zur betonten Silbe, danach extremer Abfall der Melodie 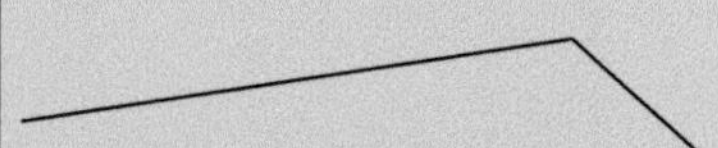
Frage Warnung Drohung sehr freundliche Äußerung	Melodieabfall bis zur betonten Silbe, danach Melodieanstieg 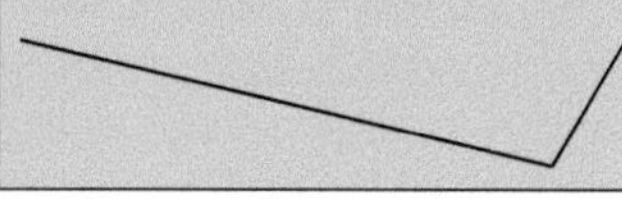

Art des Gesprochenen	dazugehörige Sprechmelodie
Nicht abgeschlossene Äußerung Erwartung der Fortsetzung des Dialogs unentschlossene oder unsichere Äußerung	Melodieanstieg bis zur betonten Silbe (wie bei Aussage s.o.), aber dann nicht abfallen, sondern in der Schwebe bleiben 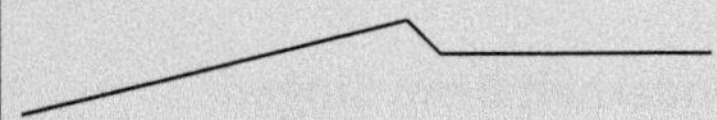
Hervorheben des Kontrastes emphatische Betonung erregte Äußerungen	Die Melodie verhält sich wie in den oberen drei Beispielen. Der Melodieanstieg bzw. –abfall ist aber viel größer. Die betonte Silbe ist dabei im Verhältnis zu den danach kommenden Silben sehr viel höher oder tiefer.

© Frank & Timme Verlag für wissenschaftliche Literatur

ÜBUNGSTEIL

1 Kurze Erläuterungen zu den Übungen

In diesem Teil des Buches gibt es Übungen zu allen Lauten der deutschen Sprache und zur Intonation. Im Folgenden wird erläutert, wie damit gearbeitet werden kann.

1.1 Übung mit Minimalpaaren

Minimalpaare sind Worte, die sich akustisch nur in einem Laut unterscheiden. Bei den Vokalen ist das so, dass der einzige hörbare Unterschied darin besteht, **wie** der Vokal in dem jeweiligen Wort gesprochen wird.

Beispiel: Stadt [ʃtat] – Staat [ʃta:t] – beim Sprechen muss hier ein deutlicher Unterschied zwischen [a] und [a:] zu erkennen sein.

Die Unterscheidung der Vokale innerhalb der Minimalpaare kann durch Gesten unterstützt werden. Bei langen und gespannten Vokalen kann z. B. begleitend eine geführte, horizontale Bewegung mit der Hand durchgeführt werden. Das Sprechen der kurzen und ungespannten Vokale kann eine schnelle Bewegung nach vorn, wie der Wurf eines Dartpfeils, unterstützen.

Beim Üben der Minimalpaare bitte nur die Wörter lesen, die die Minimalpaare beinhalten. Die kursiv gedruckten Wörter bitte nicht sprechen.

Über das Scannen des QR-Codes auf der nächsten Seite können die Minimalpaare nachgehört werden.

1.2 Hörübung

Bevor wir begonnen haben, unserer Muttersprache zu sprechen, haben wir sie gehört. So haben sich schon sehr früh Hörmuster gebildet. Um eine fremde Sprache richtig aussprechen zu können, ist es hilfreich, dass wir die Besonderheiten dieser Sprache sowohl bei uns selbst als auch bei anderen wahrnehmen können. Die Hörübungen in diesem Buch sollen diese Wahrnehmungen schulen. Der Text in der Übung soll gehört werden. In die Lücken im Text kann das phonetische Zeichen des gehörten Lautes ergänzt werden.

Zur Hörübung gelangt man über das Scannen des QR-Codes auf dieser Seite.

1.3 Zungenbrecher

Zungenbrecher gibt es in jeder Sprache. Es sind Sätze mit komplizierten Lautfolgen, die selbst für Muttersprachler*innen eine große Herausforderung darstellen. Ich habe hier zu den einzelnen Lauten Zungenbrecher gesammelt. Sie dienen dazu, die Geläufigkeit beim Sprechen zu üben. Je schneller und fehlerfreier ein Zungenbrecher ausgesprochen wird, desto leichter werden die jeweiligen Laute auch in anderen Situationen realisiert werden können. Es soll aber nur so schnell gesprochen werden, dass die Laute genau differenziert artikuliert werden können.

Hörproben: https://www.frank-timme.de/site/assets/files/2962/handbuch_der_deutschen_phonetik_-_hoeruebungen.zip

 © Frank & Timme Verlag für wissenschaftliche Literatur

2 Übungen für die Mundöffnungslaute

2.1 Übungen für [a] und [aː]

Übung mit Minimalpaaren

Hier ist die einzige akustische Unterscheidung, ob ein **kurzes** [a] oder ein **langes** [aː] gesprochen wird. Darauf ist beim Üben besonders zu achten.

	[a]	**[aː]**
1	*der* Stall	*der* Stahl
2	*die* Quallen	*die* Qualen
3	*ich* schaffe	*die* Schafe
4	*der* Kamm	*sie* kam
5	*der* Sack	Sag!

Hier können die **Minimalpaare in Sätze** eingebunden geübt werden:

1 In einem modernen Stall wird viel Stahl verbaut.
2 Quallen machen Menschen manchmal Qualen.
3 Ich schaffe es, Schafe zu füttern.
4 Sie kam mit dem Kamm.
5 Sag, bringt er heute den Sack?

Hörübung: [aː] oder [a]

…ls ich …chtzehn J…hre …lt war, m…chte m…n mir weis, ich müßte V…terl…ndsverteidiger werden. Ich d…chte: je nun, k…nnst's j… probieren, und ließ mir den Sold…tenrock …nziehen. Der Rock war g…nz hübsch, …ber …lles, w…s ich in dem Rock tun musste, war g…r nicht hübsch; zudem w…r ich von jeher ein Feind jeden Zw…nges.
(*Iwanow aus „Zar und Zimmermann" von Albert Lorzing*)

Zungenbrecher

1 Am Abend aßen alle acht Adams zusammen achtsam Ananas.
2 Nach Max Abgang sang Kaspar lang: „damit dich niemand warnt“.

2.2 Übungen für [ʊ] und [uː]

Übung mit Minimalpaaren

Hier ist die einzige akustische Unterscheidung, ob ein **kurzes**, ungespanntes und offenes [ʊ] oder ein **langes**, gespanntes und geschlossenes [uː] gesprochen wird. Darauf ist beim Üben besonders zu achten.

	[ʊ]	[uː]
1	*der* Bulle	*der/die* Buhle
2	Rum	*der* Ruhm
3	*die* Busse	*die* Buße
4	*die* Sucht	*er* sucht
5	*ich* muss	*das* Mus
6	spucken	spuken

Hier können die **Minimalpaare in Sätze** eingebunden geübt werden:

1 Meinen Buhlen liebe ich und den Bullen meide ich.
2 Ruhm mit Rum ist dumm.
3 In Bussen kannst du fahren; die Buße musst du tun.
4 Die Sehnsucht macht, dass er sie sucht.
5+6 Musst du von Mus spucken, dann bist du am Leben. Nur Geister spuken.

Hörübung: [uː] oder [ʊ]

N…n, meine Herren, ihr seid ja beide ganz verd…tzt? Und Sie, mein Vielgetreuer, Sie kommen mir ganz kurios vor. Vorhin, da ein galanter j…nger Mann sich nach meinen kleinen häuslichen Angelegenheiten erk…ndigte, wird er bei der bloßen Erzählung Feuer …nd Flamme, und n…n, da …nsrer Liebe Gefahr droht, steht er da, als könnte er nicht bis drei zählen.
(*Marie aus „Zar und Zimmermann“ von Albert Lorzing*)

 © Frank & Timme Verlag für wissenschaftliche Literatur

Zungenbrecher

1 Unter lustigen Umständen wurde die Uhr mit dem Fuß unter dem Stuhl gefunden.
2 Wenn um Rumkugeln Rumkugeln herumkugeln, kugeln um Rumkugeln Rumkugeln herum.

2.3 Übungen für [ɪ] und [iː]

Übung mit Minimalpaaren

Hier ist die einzige akustische Unterscheidung, ob ein **kurzes**, ungespanntes und offenes [ɪ] oder ein **langes**, gespanntes und geschlossenes [iː] gesprochen wird. Darauf ist beim Üben besonders zu achten.

	[ɪ]	[iː]
1	*das* Riff	*er* rief
2	*das* Schiff	schief
3	bitten	bieten
4	*der* Schiss	Schieß!
5	in	ihn
6	im	ihm
7	wirr	wir

Hier können die **Minimalpaare in Sätze** eingebunden geübt werden:

1+2 Er rief im Schiff: „Da läuft was schief! Wir laufen auf ein Riff!“
3 Bitte biete mir mehr.
4 Hab keinen Schiss und schieß!
5 In Berlin traf ich ihn.
6 Im Garten geht es ihm gut.
7 Wir sind heute wirr.

Hörübung: [iː] oder [ɪ]

Mar… , du hast es heute w…der darauf abgesehen, m…ch zu quälen. …ch l…be dich so herzl…ch, aber ebendeswegen kann es m…r doch n…cht angenehm sein, wenn d…ch d… ganze Welt küssen w…ll.
(*Iwanow aus „Zar und Zimmermann" von Albert Lorzing*)

Zungenbrecher

1 Fischers Fritz fischt frische Fische. Frische Fische fischt Fischers Fritz.
2 Wenn hinter Fliegen Fliegen fliegen, fliegen Fliegen Fliegen nach.
3 Sie irren in ihren dicken Stiefeln durch knietiefes Dickicht. Durch knietiefes Dickicht irren sie in ihren dicken Stiefeln.

2.4 Übungen für [ʏ] und [yː]

Übung zur Bildung des [yː]

1. Ein u sprechen und ohne Vokaleinsatz mit der Zunge zum i gleiten. Dabei die Lippen gestülpt lassen. Mit der Zungenspitze immer guten Kontakt zum Aktivpunkt halten.
2. Ein i sprechen und dabei immer mehr die Lippen stülpen. Mit der Zungenspitze immer guten Kontakt zum Aktivpunkt halten.

Übung mit Minimalpaaren

Im Nachfolgenden ist die einzige akustische Unterscheidung, ob es ein **kurzes**, ungespanntes und offenes [ʏ] oder ein **langes**, gespanntes und geschlossenes [yː] ist. Darauf ist beim Üben besonders zu achten.

	[ʏ]	[yː]
1	füllen	fühlen
2	*die* Hütte	*die* Hüte

Im Nachfolgenden ist die einzige akustische Unterscheidung, ob es ein [iː] oder [yː] beziehungsweise ein [ɪ] oder [ʏ] ist, also ob die Lippen gestülpt sind oder nicht. Darauf ist beim Sprechen besonders zu achten.

	[iː]/[ɪ]	[yː]/[ʏ]
3	*es* gefiel	*das* Gefühl
4	*das* Kissen	küssen
5	*das* Tier	*die* Tür

Im Nachfolgenden ist die einzige akustische Unterscheidung, ob es ein [ʊ] oder [ʏ] beziehungsweise ein [uː] oder [yː] ist, also ob die Hinterzunge oder die Vorderzunge gehoben ist. Darauf ist beim Sprechen besonders zu achten.

	[ʊ]/[uː]	[ʏ]/[yː]
6	Gluck (*Willibald*)	*das* Glück
7	fuhren	führen
8	junger (*Mann*)	*der* Jünger

Im Nachfolgenden ist die einzige akustische Unterscheidung, ob es ein langes, gespanntes und geschlossenes [iː], [uː] oder [yː] ist. Darauf ist beim Sprechen besonders zu achten.

	[iː]	[uː]	[yː]
9	*die* Biene	*die* Buhne	*die* Bühne
10	liegen	lugen	lügen
11	spielen	spulen	spülen

Hier können die **Minimalpaare in Sätze** eingebunden geübt werden:

1 Kannst du fühlen wie wir das Glas füllen?

2 Die Hütte ist voller Hüte.

3 Ihm gefiel ihr Gefühl.

4 Wir küssen uns auf den Kissen.

5 Vor der Tür ist ein Tier.

6 Was für ein Glück, heute kommt eine Oper von Gluck.

7 Wir fuhren ins Gebirge und ließen uns auf den Berg führen.

8 Johannes ist ein junger Jünger.

11 Erst spülen, dann spielen!

Hörübung: [yː] oder [ʏ]

Wenn das wahr w...rde, ich wollte Sie für den besten Menschen auf der Welt halten. Ach, wäre Iwanow nur da, daß ich ihm unser Gl...ck verk...nden könnte! Meinen Oheim kriegen wir herum, und wenn ich erst gewiss w...sste, daß Iwanow kein Kaiser ist, ich wollte vor Freude jauchzen, dass man es bis ...bers Meer hörte.
(*Marie aus „Zar und Zimmermann" von Albert Lorzing*)

Zungenbrecher

1 Die Himmelschlüsselblumen blühn. (*aus der ‚Johannes-Passion' von J. S. Bach*)
2 Über hundert junge Jünglinge üben mit jüngeren Jünglingen den ‚Freischütz'.

2.5 Übungen für [ɔ] und [oː]

Übung mit Minimalpaaren

Hier ist die einzige akustische Unterscheidung, ob es ein **kurzes**, ungespanntes und offenes [ɔ] oder ein **langes**, gespanntes und geschlossenes [oː] ist. Darauf ist beim Sprechen besonders zu achten.

	[ɔ]	[oː]
1	*die* Rosse	*die* Rose
2	offen	*der* Ofen
3	*die* Posse	*die* Pose
4	*die* Sonne	*dem* Sohne
5	*die* Wonne	*ich* wohne
6	*sich* zoffen	*die* Zofen
7	*die* Nonne	*die* None

Hier können die **Minimalpaare in Sätze** eingebunden geübt werden:
1 Rosse auf der Heide zertrampeln die Rose.
2 Der Ofen ist offen.
3 Diese Pose ist eine Posse.

 © Frank & Timme Verlag für wissenschaftliche Literatur

4 Die Sonne scheint nicht nur dem Sohne.
5 Da, wo ich wohne, empfinde ich Wonne.
6 Zofen können sich auch zoffen.

Hörübung [oː] oder [ɔ]

Ich verstehe kein W…rt v…n der ganzen Geschichte. Was Teufel haben sie alle mit dem armen Iwanow v…r; es muss eine h…he Standesperson sein …der ein Staatsverbrecher.
(*van Bett aus „Zar und Zimmermann" von Albert Lorzing*)

Zungenbrecher

1 Singt die Nonne eine None, ist weit entfernt der Ton vom Tone.
2 In hohem Bogen ist der doppelte Bogen davongeflogen.

2.6 Übungen für [eː], [ɛ] und [ɛː]

Übung mit Minimalpaaren

Hier ist die einzige akustische Unterscheidung, ob es ein **kurzes**, ungespanntes und offenes [ɛ] oder ein **langes**, ungespanntes und offenes [ɛː] ist. Darauf ist beim Sprechen besonders zu achten.

	[ɛ]	[ɛː]
1	*der* Vetter	*die* Väter
2	trennen	*die* Tränen

Hier ist die einzige akustische Unterscheidung, ob es ein **kurzes,** ungespanntes und offenes [ɛ] oder ein **langes,** gespanntes und geschlossenes [eː] ist. Darauf ist beim Sprechen besonders zu achten.

	[ɛ]	[eː]
3	*der* Herr	*das* Heer
4	denn	den
5	wenn	wen
6	*sich* betten	beten

Hier ist die einzige akustische Unterscheidung, ob es ein **langes, ungespanntes und offenes** [ɛː] oder ein **langes, gespanntes und geschlossenes** [eː] ist. Darauf ist beim Sprechen besonders zu achten.

	[ɛː]	[eː]
7	*die* Säle	*die* Seele
8	*die* Ähre	*die* Ehre

Hier ist die einzige akustische Unterscheidung, ob es ein **kurzes, ungespanntes und offenes** [ɛ], ein **langes, ungespanntes und offenes** [ɛː] oder ein **langes, gespanntes und geschlossenes** [eː] ist. Darauf ist beim Sprechen besonders zu achten.

	[ɛ]	[ɛː]	[eː]
9	zerren	*die* Zähren	zehren

Hier können die **Minimalpaare in Sätze** eingebunden geübt werden:

1 Vetter sind oft auch Väter.
2 Willst du dich trennen, gibt es oft Tränen.
3 Gott der Herr und das Heer seiner Engel.
4 Denn den brauche ich nicht.
5 Wen sollen wir nehmen, wenn nicht dich!
6 Viele beten, bevor sie sich betten.
7 Die Ähre und die Ehre sind völlig unterschiedliche Dinge.
8 Es heißt, dass die Seele nach dem Tod durch die Säle des Himmels wandelt.
9 Zähren zehren.

Hörübung [eː], [ɛ] oder [ɛː]

Wie? Höre ich nicht mit wahrer …ngelsgeduld die Schilderungen deiner Z…rtlichkeit für die reizende Marie an, die …benso liebenswürdig wie ihr Oheim dumm und l…cherlich ist? Argwöhnt d…r gestr…nge Bürgermeister …twas? Du hast doch keine …hrensache? J…tzt verst… ich dich.
(*Zar aus „Zar und Zimmermann" von Albert Lorzing*)

 © Frank & Timme Verlag für wissenschaftliche Literatur

Hörübung [eː] oder [iː]

Oft wird ein [eː] als ein [iː] wahrgenommen. Auch ist es üblich zu sagen, dass es helfen kann, an ein [iː] zu denken, um ein [eː] sprechen zu können. Diese Übung soll dabei helfen, [iː] und [eː] als unterschiedliche Laute zu hören und zu verstehen, dass sich die Wortbedeutung ändern kann, wenn [eː] mit [iː] ersetzt wird.

1 G…b …r …re …re.
2 So wie wir l…ben, so l…ben wir.
3 W…r wenn nicht w…r.
4 …re sei Gott in der Höhe.
5 Gib m…r m…r.
6 D…r sei Lob und …r gesungen.
7 L…ben s… die S… und l…ben S… auch da?
8 L…ben und l…ben lassen.
9 D…r sei d…r hold.

Bewusstes Unterscheiden von Konjunktiv und Indikativ

Hier kann der Unterschied zwischen dem Indikativ und dem Konjunktiv in Sätze eingebunden geübt werden:

1 Nähme ich das Glas in die Hand oder nehme ich es?
2 Träte ich von meinem Posten zurück oder trete ich zurück?
3 Läse ich das Libretto oder lese ich es?
4 Spräche ich das Gedicht oder spreche ich es?

Zungenbrecher

1 Fährt das Pferd verkehrt, fährt es mit der Fähre zur Pferdefarm. Fährt das Pferd mit der Fähre zur Pferdefarm, fährt das Pferd verkehrt! (*Lotta Beling*)

2.7 Übungen für [œ] und [øː]

Übung zur Bildung des Lautes [øː]

1. Ein o sprechen und mit weiter gestülpten Lippen ohne Vokaleinsatz mit der Zungen zum e gleiten. Mit der Zungenspitze immer guten Kontakt zum Aktivpunkt halten.
2. Ein e sprechen und dabei immer mehr die Lippen stülpen. Mit der Zungenspitze immer guten Kontakt zum Aktivpunkt halten.

Übung mit Minimalpaaren

Hier ist die einzige akustische Unterscheidung, ob es ein **kurzes**, ungespanntes und offenes [œ] oder ein **langes**, gespanntes und geschlossenes [øː] ist. Darauf ist beim Sprechen besonders zu achten.

	[œ]	**[øː]**
1	*die* Hölle	*die* Höhle
2	*die* Rösslein	*das* Röslein

Hier ist akustisch die einzige Unterscheidung, ob ein [eː] oder [øː] beziehungsweise [ɛ] oder [œ] gesprochen wird, also ob die Lippen gestülpt werden oder nicht. Darauf ist beim Sprechen besonders zu achten.

	[eː]/[ɛ]	**[øː]/[œ]**
3	*ich* sehne *mich*	*die* Söhne
4	*der* Wärter	*die* Wörter

Hier ist akustisch die einzige Unterscheidung, ob es ein langes, gespanntes und geschlossenes [eː], [oː] oder [øː] ist. Darauf ist beim Sprechen besonders zu achten.

	[eː]	**[oː]**	**[øː]**
5	lesen	losen	lösen

Hier können die **Minimalpaare in Sätze** eingebunden geübt werden:

1 Die Höhle existiert im Diesseits, die Hölle nur im Jenseits.

3 Ach, meine Söhne, wie ich mich nach euch sehne.

4 Welche Wörter sprach der Wärter?

5 Wir lösen das Problem, indem wir losen, wer den Text lesen wird.

 © Frank & Timme Verlag für wissenschaftliche Literatur

Hörübung: [øː] oder [œ]

Du fürchtest wohl, er m…chte dich in deiner h…chst angenehmen Unterhaltung st…ren? Ich danke Gott, dass mir endlich die Augen ge…ffnet wurden. (*Iwanow aus „Zar und Zimmermann" von Albert Lortzing*)

Zungenbrecher

1 Treten Rösslein auf die Röslein, stechen Röslein die Rösslein.
2 Wie können wir nicht hören, wenn die Götter uns betören?

2.8 Übungen zum Vokalausgleich

Ohne Vokaleinsatz und ohne die Mundöffnung zu verändern, von einem Vokal zum nächsten auf einem Atem gleiten. Mit der Zungenspitze immer guten Kontakt zum Aktivpunkt halten.

1. u – o – a – e – i
2. i – e – a – o – u
3. ü – ö – a – o – u

2.9 Übung für den Diphtong [aɛ̯]

Den Text laut lesen und bei dem Diphthong [aɛ̯] bewusst vom [a] zum [ɛ] gleiten. Die Zungenspitze bleibt dabei am Aktivpunkt:

Mein Feierabend
Ich komme um drei aus der Hochschule.
Die Sonne scheint.
Endlich Freizeit!
Keine Singerei, keine Überei, keine Feier.
Schön ist es, so ein bisschen allein zu sein, ein Eis zu essen, die Beine hochzulegen, eine Zeitung zu lesen, ein Glas Wein zu trinken und zeitig einzuschlafen.

2.10 Übung für den Diphtong [ɔœ̯]

Den Text laut lesen und bei dem Diphthong [ɔœ̯] bewusst vom [ɔ] zum [œ] gleiten. Die Lippen sind gestülpt. Die Zungenspitze bleibt dabei am Aktivpunkt:

Abenteuer Studium in Deutschland
Wieder zu Hause erzähle ich von erneuerten Häusern und freundlichen Leuten, die ich in Deutschland kennenlernte.
Alles war ein großes Abenteuer.
Ich erinnere mich an treue Freunde und erfreuliche Zeiten.
Mein Abschlusszeugnis ist keine Enttäuschung, sondern überzeugend und somit eine freudige Mitteilung für meine Familie.

2.11 Übung für den Diphtong [aɔ̯]

Den Text laut lesen und bei dem Diphthong [aɔ̯] bewusst vom [a] zum [ɔ] gleiten. Dabei sind die Lippen erst nicht beteiligt und werden am Ende des Diphthongs gestülpt. Die Zungenspitze bleibt am Aktivpunkt:

Das blaue Schauspielhaus
Im August gehen August und Auguste aus.
Sie besuchen eine Aufführung im blauen Schauspielhaus.
Dort treffen sie Paul und Paula aus dem Nachbarhaus.
Mit erwartungsvollen Augen sitzen sie im blauen Zuschauerraum und lauschen dem „Sommernachtstraum".

 © Frank & Timme Verlag für wissenschaftliche Literatur

2.12 Übungen zum Vokaleinsatz

Übung mit Minimalpaaren

Da es häufig passiert, dass beim Singen statt eines Vokaleinsatzes ein leichtes [h] entsteht, soll hier deutlich zwischen Beginn **mit Glottisschlag** oder **mit** [h] unterschieden werden. Darauf ist beim Sprechen besonders zu achten.

	Glottisschlag	**[h]**
1	alt	halt
2	und	*der* Hund
3	eilen	heilen
4	*das* Ende	*die* Hände

Hier können die **Minimalpaare in Sätze** eingebunden geübt werden

1 Halt, das ist alt!
2 Ein Hund und ein Hund sind zwei Hunde.
3 Wir müssen eilen, ihn zu heilen.
4 Am Ende halt ich deine Hände.

Deutliches Unterscheiden von mit und ohne Vokaleinsatz/Glottisschlag

Wenn die Worte in der ersten Spalte ohne Vokaleinsatz/Glottisschlag gesprochen werden, hören wir das Wort aus der 2. Spalte. Beim Sprechen der Worte in der ersten Spalte ist besonders auf Vokaleinsatz/Glottisschlag zu achten.

(*ich*) weiß es – weißes
und ihr – Untier
wie ihr – wir
und euer – und teuer
wollt ihr – Wolltier

Vokaleinsatz beim Singen üben

Jede Silbe, die mit einem Vokal beginnt (außer Endungen) mit einem weichen Vokaleinsatz beginnen.

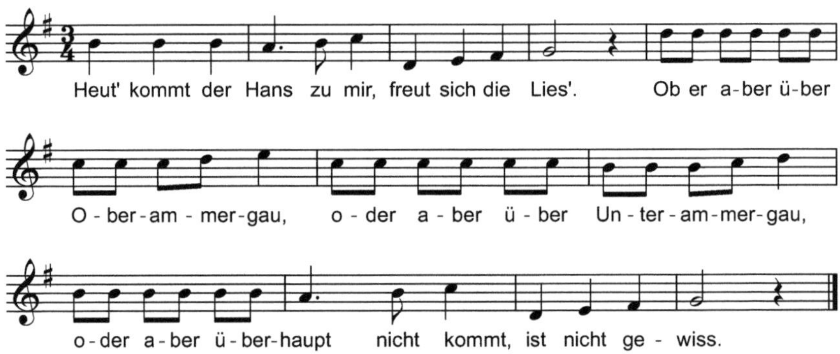

2. Heut geht die Lies mit mir zum Schützenfest.
   Ob sie aber über Oberammergau, oder aber über Unterammergau,
   oder aber überhaupt nicht geht,
   steht noch nicht fest.
3. Wenn die Uhr zwölfe schlägt, geh'n wir nach Haus.
   Ob wir aber über Oberammergau, oder aber über Unterammergau
   oder aber überhaupt nicht geh'n,
   ist noch nicht raus.
   (*Volkslied*)

 © Frank & Timme Verlag für wissenschaftliche Literatur

3 Übungen für die Enge-Laute

3.1 Übungen für [h]

Übung zur Bildung des Lautes [h]

1. Worte heraussuchen, die mit [h] beginnen und diese sprechen. Dabei die Hand vor den Mund halten und diese behauchen, wenn das h gesprochen. Statt die Hand zu behauchen, kann auch ein Spiegel behaucht werden. Die warme Luft beschlägt den Spiegel. So gibt es auch noch eine optische Rückmeldung.
2. Worte heraussuchen, die mit [h] beginnen und sie sprechen, indem sie mit einem deutlichen Seufzer begonnen werden.

[h] beim Singen üben

Beim Singen die Hand vor den Mund halten und bewusst die warme Luft spüren, die kurz entweicht, wenn ein Wort mit einem [h] beginnt. Dann sofort den folgenden Laut erklingen lassen.

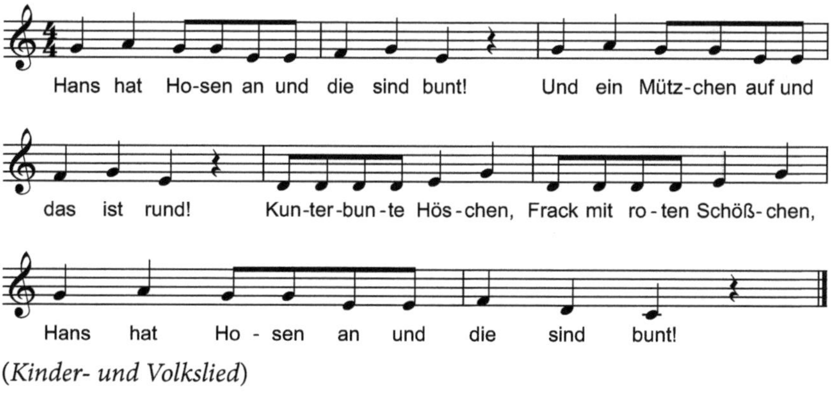

(*Kinder- und Volkslied*)

3.2 Übungen für [ʁ], [ʀ], [r], und [ɐ]

Übung zur Bildung des Zäpfchen-r

Einen Schluck Wasser nehmen und damit gurgeln. Das Geräusch, welches dabei entsteht, ist im Prinzip das Zäpfchen-r. Später versuchen, das gleiche Geräusch ohne Wasser im Mund herzustellen. Anfangs wird das leichter gelingen, wenn der Kopf dabei wie beim Gurgeln nach hinten gehalten wird. Wenn in dieser Haltung das Zäpfchen-r gelingt, den Kopf aufrichten und versuchen, das Zäpfchen-r in aufrechter Haltung erklingen zu lassen. Weil das r ein stimmhafter Konsonant ist, sollte diese Übung immer mit Stimme durchgeführt werden.

Koffer packen

Dieses Spiel ist in fast allen Ländern der Welt bekannt. Es wird immer der gleiche Satz gesprochen und nach und nach kommen immer mehr Gegenstände dazu.

Beginnen mit: „Ich packe in meinen Koffer einen Sprachführer." Dann wird der Satz wiederholt und mit dem nächsten Wort erweitert usw. Diese Übung kann mit beliebig vielen Wörtern erweitert werden. Immer beachten, wann das r konsonantisch ([ʁ]/[ʀ]) oder vokalisiert ([ɐ]) gesprochen wird.

1. Sprachführer [ʃpʁ̥ˈaːxfˌyːʁɐ]
2. Frack [fʁ̥ak]
3. Strümpfe [ʃtʁ̥ˈʏmpfə]
4. Klavierauszug [klavˈiːɐˀˌaɔ̯stsuːk]
5. Brille [bʁˈɪlə]
6. Pullover [pʊlˈoːvɐ]
7. Rasierapparat [ʁazˈiːɐˀapaʁaːt]
8. Fahrkarte [fˈaːʶkˌaʶtə]
9. Puder [pˈuːdɐ]
10. Bürste [bˈʏʶstə]
11. Ohrringe [ˈoːᵄʁˌɪŋə]
12. Armband [ˈaʶmbant]
13. Krawatte [kʁ̥avˈatə]
14. Konzertkleid [kɔntsˈɛʶtklaɛ̯t]

 © Frank & Timme Verlag für wissenschaftliche Literatur

15. Wimperntusche [vˈɪmpɐntˌʊʃə]
16. Vertrag [fɐtʁ̥ˈaːk]

Übungen zur Bildung des Zungenspitzen-r

Im klassischen Gesang wird an den Stellen, an denen beim Sprechen ein Zäpfen-r oder Rachen-r gesprochen wird, ein Zungenspitzen-r realisiert. Um das Zungenspitzen-r anzubahnen, gibt es folgende Übungen:

1. Auf einen langen Ausatemstrom immer wieder die Silben de - te im punktierten Rhythmus (punktierte Achtel mit nachfolgender Sechzehntel) sprechen und dabei das d immer nachlässiger realisieren, sodass sich langsam ein Schwingen der Zungenspitze ergibt. Später beim Singen das Zungenspitzen-r in den Wörtern, in denen ein r vorkommt anwenden. Dabei beachten, dass das vokalisierte-r auch beim Singen vokalisiert realisiert wird.
2. Das Wort Brötchen immer wieder auf einen langen Ausatemstrom sprechen und dabei das r mit einem d ersetzten, also Bdötchen sprechen. In Folge das d immer nachlässiger realisieren, bis ein Zungespitzen-r entsteht.

[r], [r̥] oder [ɐ] beim Singen üben

Wie das r im nachfolgenden Lied realisiert werden muss, steht im Kapitel ‚Lösungen‘ auf Seite 145.

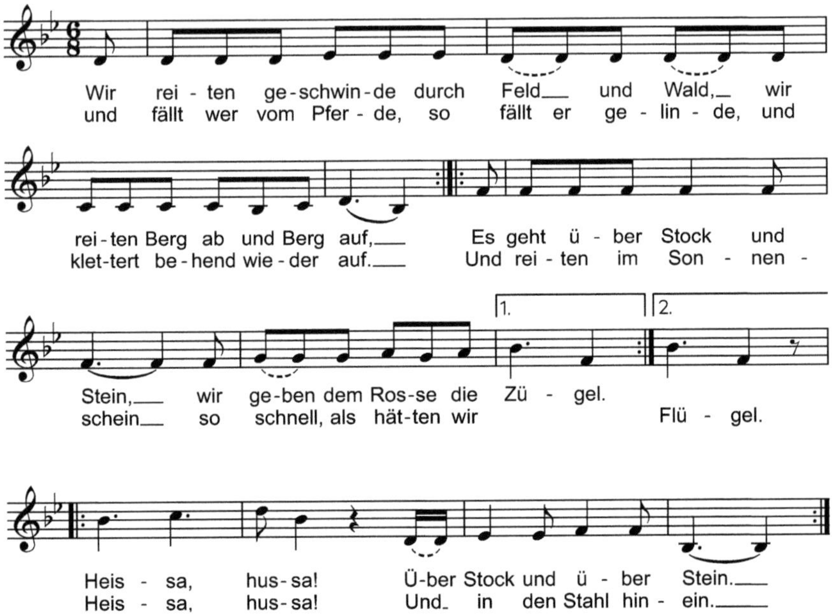

(*Kanon*)

3.3 Übungen für [x], [ç] und [ʝ]

[x] richtig bilden

Das [x] ist ein Laut, der sehr weit hinten im Mund realisiert wird und sich oft eng und unangenehm anfühlt. Es hilft bei der Bildung des Lautes, wenn die Zungenspitze aktiv am Aktivpunkt ist. Der hintere Teil des Zungenrückens hebt sich kurz zum hinteren weichen Gaumen und bildet dort eine Enge. Wichtig ist, dass diese Enge schnell und aktiv wieder geöffnet wird. Dabei hilft ein leichter Druck mit der Zungenspitze an den Aktivpunkt.

[ç] richtig bilden

Das [ç] ist sehr leicht über das [ʝ] zu finden. Die Lautfolge jip [ʝɪp] mehrmals hintereinander sprechen. Dann diese Lautfolge noch einmal sprechen und dabei beim [ʝ] die Stimme weggelassen. Die Zungenhebung vom [ʝ] soll bei-

 © Frank & Timme Verlag für wissenschaftliche Literatur

behalten und nur noch Luft durch diese Enge geschickt werden. Es entsteht die Lautfolge [çɪp].

Das [ç] entsteht und öffnet sich leichter, wenn die Zungenspitze einen leichten Druck auf den Aktivpunkt ausübt.

Übung mit Minimalpaaren

In den folgenden Wörtern muss beim Sprechen deutlich zwischen einem **ach-Laut** [x] oder **ich-Laut** [ç] unterschieden werden.

	[x]	**[ç]**
1	*die* Tochter	*die* Töchter
2	*das* Buch	*die* Bücher
3	hoch	*am* höchsten
4	nach	*der/die* Nächste
5	*der* Fluch	*die* Flüche
6	*das* Tuch	*die* Tücher

Hier können die **Minimalpaare in Sätze** eingebunden geübt werden:

1 Er hat eine Tochter und sie hat zwei Töchter.

2 Die Bibel ist das Buch der Bücher.

3 Hoch, höher am höchsten.

4 Nach dir kommt die Nächste dran.

5 Schlimm ist ein Fluch, viele Flüche sind schlimmer.

6 Ich habe ein Tuch und du hast viele Tücher.

Übung für [ç] bei der Steigerung von Adverbien

	[ç]	[ɪg]	[ç]
1	fleißig	fleißiger	am fleißigsten
2	schwierig	schwieriger	am schwierigsten
3	wichtig	wichtiger	am wichtigsten
	[ç]	[ç]	[ç]
4	freundlich	freundlicher	am freundlichsten

Zungenbrecher

1 Mariechen sagt zu Mariechen, lass mich ma' riechen, Mariechen! Da ließ Mariechen Mariechen ma' riechen.

2 Ich mach das nicht, mach du das doch.

/ç/ beim Singen üben

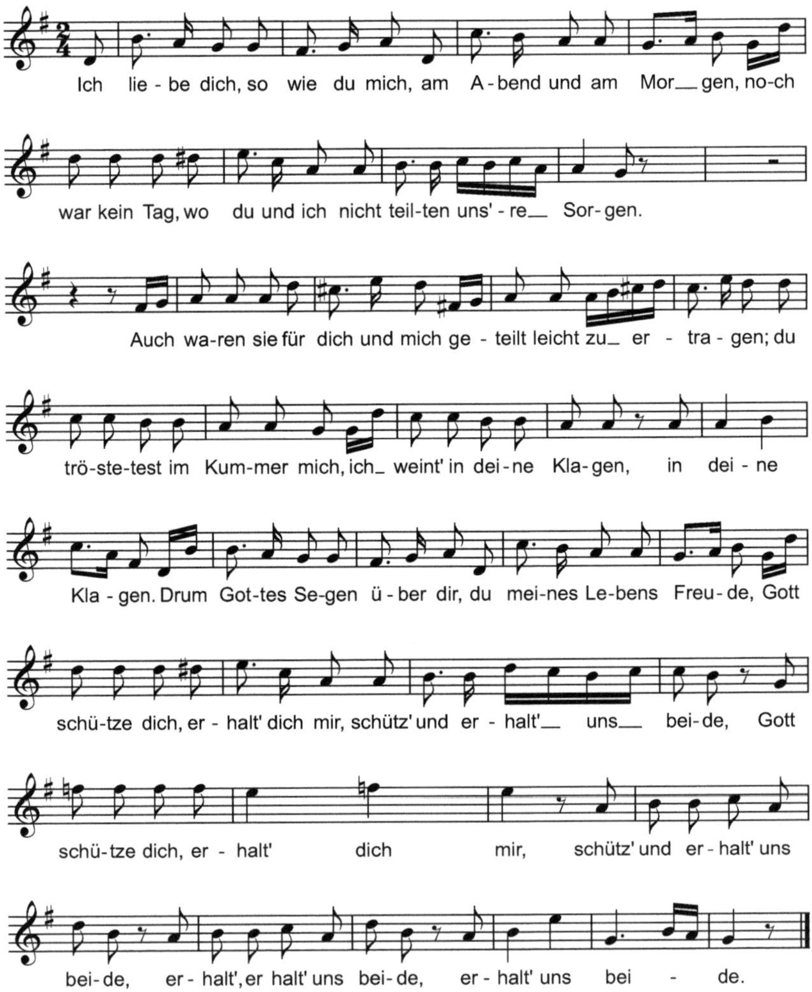

(*Melodie L. v. Beethoven, Text K. F. W. Herrosee*)

 © Frank & Timme Verlag für wissenschaftliche Literatur

3.4 Übungen für [ʃ]

[ʃ] richtig bilden

In den meisten Sprachen existiert ein sch-Laut. Doch oft wird der Laut zu schwach artikuliert. Wichtig ist, dass es immer eine gute Stülpung der Lippen wie beim o gibt. Zum Anbahnen des Lautes die Lippen stark stülpen und dann die Luft durch die fast geschlossenen Schneidezähne strömen lassen. Die Zungenspitze darf dabei keinen Kontakt haben.

Zungenbrecher

1 Schnecken erschrecken, wenn sie an Schnecken schlecken, denn zum Schrecken vieler Schnecken schmecken Schnecken Schnecken nicht.

2 Ein Stachelschwein, ein Stachelschwein, das muss ein Schwein mit Stacheln sein, doch hat es keine Stachelein, so ist es auch kein Stachelschwein.

3 Du Schnalle, hol die schnellen Schneeschuhschnallen!

/ʃ/ beim Singen üben

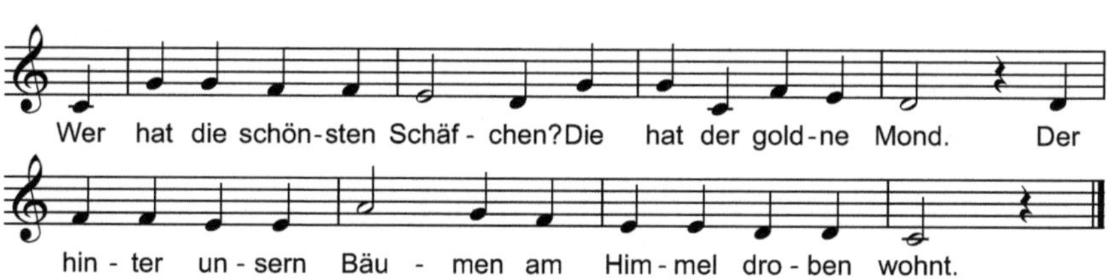

2. Er kommt am späten Abend,
wenn alles schlafen will,
hervor aus seinem Hause
am Himmel leis und still.

3. Dann weidet er die Schäfchen
auf seiner blauen Flur,
denn all die weißen Sterne,
sind seine Schäfchen nur.

(*Melodie J. F. Reichardt, Text A. H. Hoffmann von Fallersleben*)

© Frank & Timme Verlag für wissenschaftliche Literatur

3.5 Übungen für [s] und [z]

Übung mit Minimalpaaren

Hier ist die einzige akustische Unterscheidung, ob es ein stimmhaftes [z] oder ein stimmloses [s] ist. Darauf ist beim Sprechen besonders zu achten.

	[z]	[s]
1	reisen	reißen
2	*die* Weise	*das* Weiße

Hier können die Minimalpaare in Sätze eingebunden geübt werden:

1 Sich um die schönsten Reisen reißen.

2 Eine Weise über das weiße Kleid singen.

Zungenbrecher

1 Esel essen Nesseln nicht. Nesseln essen Esel nicht.

2 Sie sahen sie süße Sachen suchen.

[s] und [z] beim Singen üben

Wie das s im folgenden Lied gesungen werden muss, steht im Kapitel ‚Lösungen' auf Seite 145.

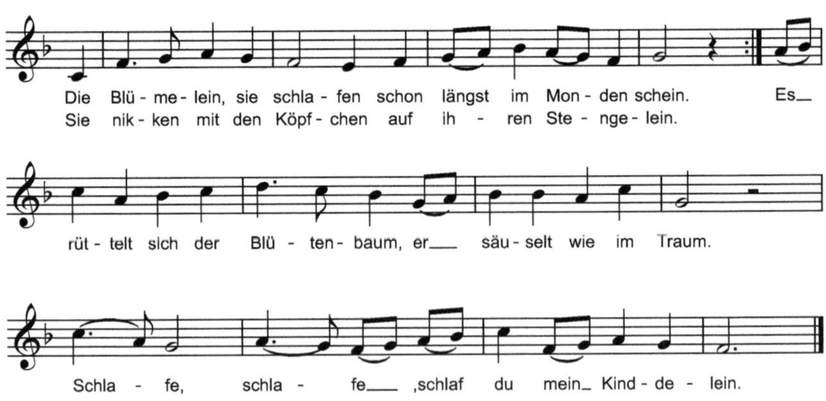

 © Frank & Timme Verlag für wissenschaftliche Literatur

2. Die Vögelein sie sangen
so süß im Sonnenschein.
Sie sind zur Ruh gegangen
in ihre Nestlein klein.
Das Heimchen in dem Ährengrund,
es tut allein sich kund.
Schlafe, Schlafe, schlaf du mein
Kindelein.

3. Sandmännchen kommt geschlichen
und guckt durch's Fensterlein,
ob irgendwo ein Liebchen
nicht mag zu Bette sein.
Und wo es nur ein Kindlein fand,
streut es ihm in die Augen Sand.
Schlafe, Schlafe, schlaf du mein
Kindelein.

(*Volkslied, Text A. W. Von Zuccalmaglio*)

3.6 Übungen für [l]

Das [l] im Deutschen wird vorn im Mund gebildet. Die Zungenspitze braucht einen aktiven Kontakt zum Zungenruhepunkt. Darüber öffnet sich der hintere Bereich des Mundes.

Zungenbrecher

1 Es soll noch heute Lümmel geben, die nur von Korn und Kümmel leben.

[l] beim Singen üben:

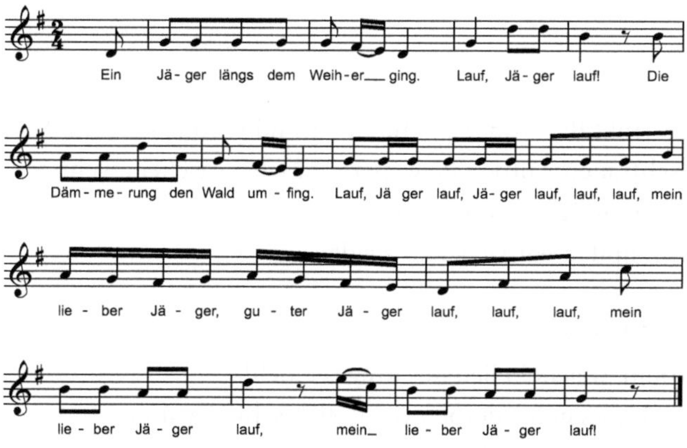

(*Volkslied*)

3.7 Übungen für [v] und [f]

Übung mit Minimalpaaren

Hier ist die einzige akustische Unterscheidung, ob ein stimmloses [f] oder ein stimmhaftes [v] gesprochen wird. Darauf ist beim Üben besonders zu achten.

	[f]	[v]
1	fort	*das* Wort
2	*das* Feld	*die* Welt
3	finden	winden
4	fein	*der* Wein
5	*das* Fass	was
6	vier	wir
7	*das* Vieh	wie

Hier können die **Minimalpaare in Sätze** eingebunden geübt werden:

1 Fort ist das Wort.
2 Geh durch die Welt, durch Wald und Feld.
3 Willst du einen Kranz winden, musst du dafür Blumen finden.
4 Der Wein schmeckt fein.
5 Was ist in dem Fass?
6 Wir sind vier.
7 wie das Vieh

Zungenbrecher

1 Der Männerchor trinkt Bier vom Fass. Besoffen sind schon vier vom Bass.
2 Wir Wiener Waschfrauen würden ja weißere Wäsche waschen, wenn wir wüssten, wo warmes, weiches Waschwasser wäre.
3 Was viele verloren, finden wir vielleicht wieder.

Üben mit einem Opernzitat

Erda: Weiche, Wotan, weiche! Flieh des Ringes Fluch!
Rettungslos dunklem Verderben weiht dich sein Gewinn.
Wotan: Wer bist du, mahnendes Weib?

 © Frank & Timme Verlag für wissenschaftliche Literatur

Erda: Wie alles war, weiß ich;
wie alles wird, wie alles sein wird, seh' ich auch:
der ew'gen Welt Ur-Wala, Erda, mahnt deinen Mut.
(*aus: der Oper ‚Rheingold' von R. Wagner*)

[f] und [v] beim Singen üben

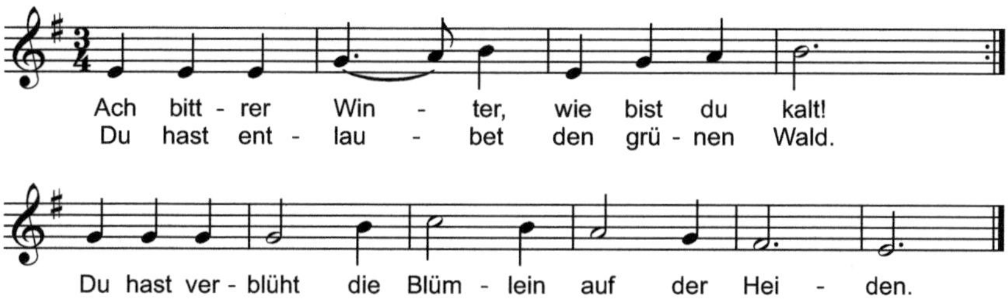

2. Die bunten Blümelein sind worden fahl.
Entflohen ist uns Frau Nachtigall.
Sie ist entfloh'n, wann wird sie wieder singen.
(*Volkslied*)

4 Übungen für die Verschlusslaute

4.1 Übungen für [m]

Zungenbrecher

1 Wenn mancher Mann wüsste, wer mancher Mann wär, gäb mancher Mann manchem Mann manchmal mehr Ehr. Weil mancher Mann nicht weiß, wer mancher Mann ist, drum mancher Mann manchen Mann manchmal vergisst.

[m] beim Singen üben

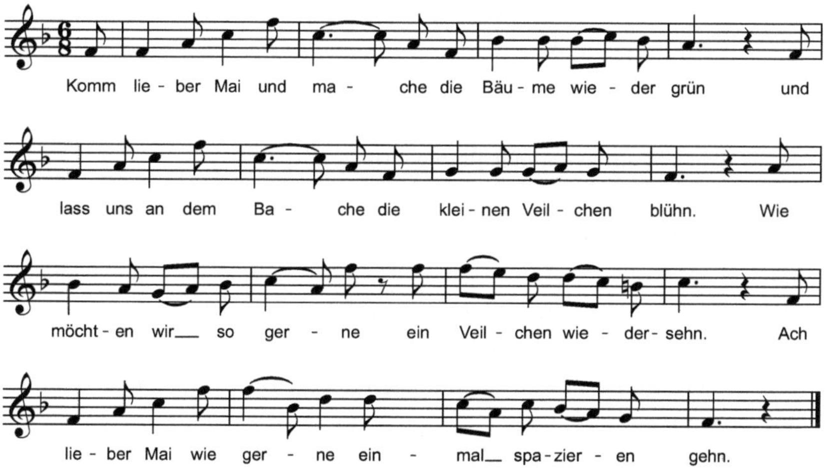

(*Melodie W. A. Mozart, Text Ch. A. Overbeck*)

4.2 Übungen für [p] und [b]

Übung mit Minimalpaaren

Hier ist die einzige akustische Unterscheidung, ob es ein [p] oder ein [b] ist. Darauf ist beim Sprechen besonders zu achten.

	[p]	**[b]**
1	*das* Paar	*die* Bar
2	*der* Pass	*der* Bass
3	*die* Oper	*der* Ober
4	Power	*der* Bauer
5	*die* Pein	*das* Bein

Hier können die **Minimalpaare in Sätze** eingebunden geübt werden:

1 Siehst du das Paar an der Bar?
2 Das ist der Pass vom Bass.
3 Der Ober arbeitet im Restaurant der Oper.
4 Der Bauer hat Power.
5 Man hat viel Pein, wenn das Bein gebrochen ist.

Geläufigkeitsübung für [p]

Schnell auf einen gleichmäßigen Ausatemstrom die Lautfolge „Pappalappapp" sprechen. Dabei immer die Luft gut hinter dem Verschluss der Lippen beim ersten p spüren und diese beim Öffnen des Verschlusses aktiv herauslassen. Der Vokal a kann nach und nach mit allen anderen Vokalen, Umlauten und Diphthongen ersetzt werden.

Zungenbrecher

1 Der Potsdamer Postkutscher putzt den Potsdamer Postkutschkasten blank.
2 Auf den sieben Robbenklippen sitzen sieben Robbensippen, die sich in die Rippen stippen, bis sie von den Klippen kippen.

 © Frank & Timme Verlag für wissenschaftliche Literatur

[b] und [p] beim Singen üben

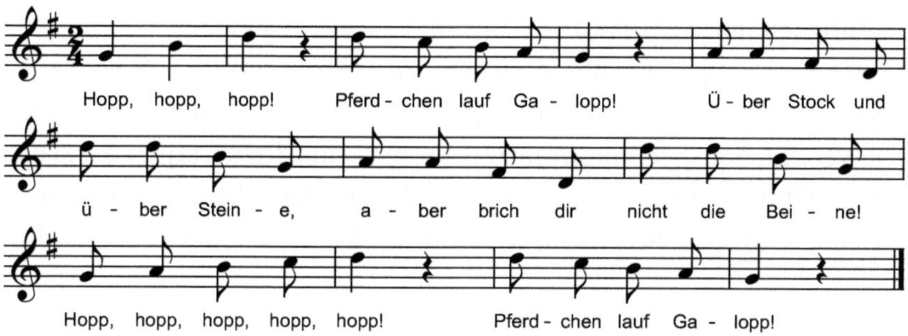

(*Kinderlied*)

4.3 Übungen für [n]

Zungenbrecher

1 Es brennt mir auf den Nägeln, mit Nägeln zu nageln.

[n] beim Singen üben

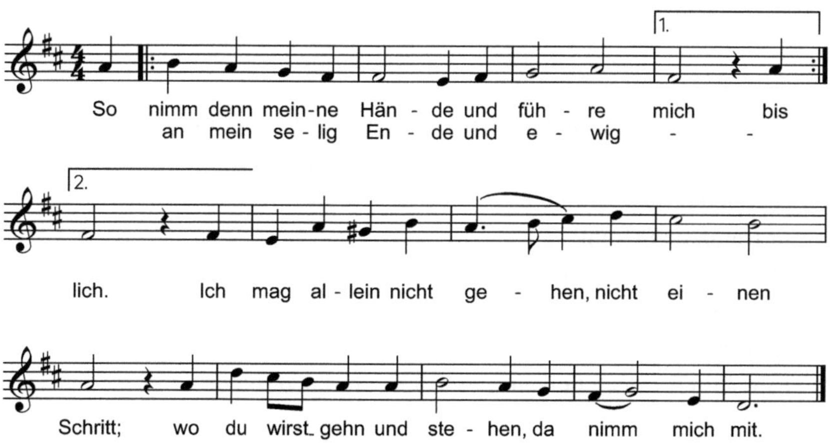

(*Melodie Fr. Silcher, Text Julie von Hausmann*)

4.4 Übungen für [t] und [d]

Geläufigkeitsübung für [t]

Schnell auf einen gleichmäßigen Ausatemstrom die Lautfolge „tadada, tadada, tadada ta – ♫♫♫|♩“ rhythmisch sprechen. Dabei immer die Luft gut hinter dem Verschluss an der Zungenspitze beim ersten und letzten t spüren und diese beim Öffnen des Verschlusses aktiv rauslassen. Der Vokal a kann nach und nach mit allen anderen Vokalen, Umlauten und Diphthongen ersetzt werden.

Übung mit Minimalpaaren

Hier ist die einzige akustische Unterscheidung, ob ein [t] oder ein [d] gesprochen wird. Darauf ist beim Üben besonders zu achten.

	[t]	**[d]**
1	*die* Weite	*die* Weide
2	*die* Ente	*das* Ende
3	*er* trat	*der* Draht
4	Teer	der
5	*der* Mieter	*das* Mieder
6	*das* Tier	dir
7	tanken	danken

Hier können die **Minimalpaare in Sätze** eingebunden geübt werden:

1 Ich stehe auf der Weide und sehe in die Weite.
2 Das ist das Ende der Ente.
3 Er trat in den Draht.
4 Der Teer ist weich, wenn er warm ist.
5 Ein Mieter trägt kein Mieder.
6 Gehört dir das Tier?
7 Fährst du für mich tanken, werde ich’s dir danken.

 © Frank & Timme Verlag für wissenschaftliche Literatur

Zungenbrecher

1 Denke nie gedacht zu haben, denn das Denken der Gedanken ist gedankenloses Denken.

2 Wenn du denkst du denkst, dann denkst du nur du denkst, aber denken tust du nie.

3 Taschendiebe tischen dir Tand zum Tausch auf.

4 Dörte mit dem tollen Dutt und Traudel mit der dollen Tolle.

[d] beim Singen üben

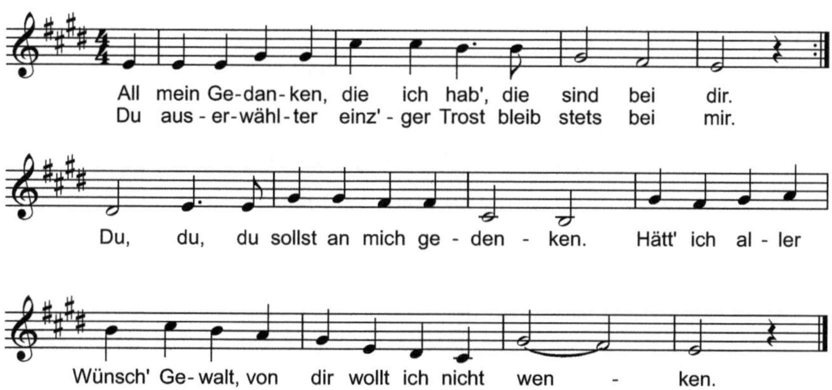

(*Minnelied aus dem 15. Jh., Autor unbekannt*)

[t] beim Singen üben

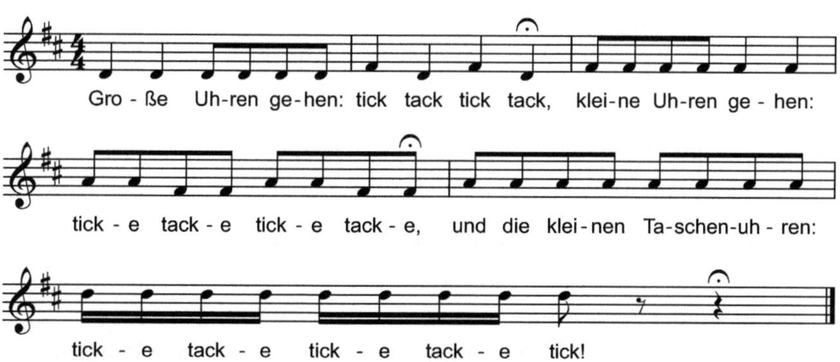

(*Melodie Carl Karow*)

4.5 Übungen für [ŋ]

Übung mit Minimalpaaren

Hier ist die einzige akustische Unterscheidung, ob ein [ŋ] oder ein [n] gesprochen wird. Darauf ist beim Üben besonders zu achten.

	[ŋ]	**[n]**
1	*die* Wange	*die* Wanne
2	ringen	rinnen
3	dringen	drinnen
4	singen	sinnen
5	*der* Drang	dran

Hier können die **Minimalpaare in Sätze** eingebunden geübt werden:

1 In der Wanne entspanne ich nicht nur meine Wange.
2 Muss ich mit dir ringen, können Tränen rinnen.
3 Wir dringen darauf, drinnen zu sitzen.
4 Abends beim Sinnen muss ich oft singen.
5 An seinem Drang ist was dran.

Übung mit Minimalpaaren

Hier ist die einzige akustische Unterscheidung, ob ein [ŋ] oder ein [ŋk] gesprochen wird. Darauf ist beim Üben besonders zu achten.

	[ŋ]	**[nk]**
1	*sie* sang	*es* sank
2	bang	*die* Bank
3	*die* Wangen	wanken
4	*der* Engel	*der* Enkel
5	singen	sinken

Hier können die **Minimalpaare in Sätze** eingebunden geübt werden:

1 Während das Schiff sank, sang er.
2 Ihr ist auf der Bank bang.
3 Wenn du von zu viel Wein wanken musst, hast du auch rote Wangen.

 © Frank & Timme Verlag für wissenschaftliche Literatur

4 Meine Enkel sind meine Engel.
5 Sie sinken beim Singen.

Zungenbrecher

1 Lang schwang der Klang den Hang entlang.

[ŋ] beim Singen üben

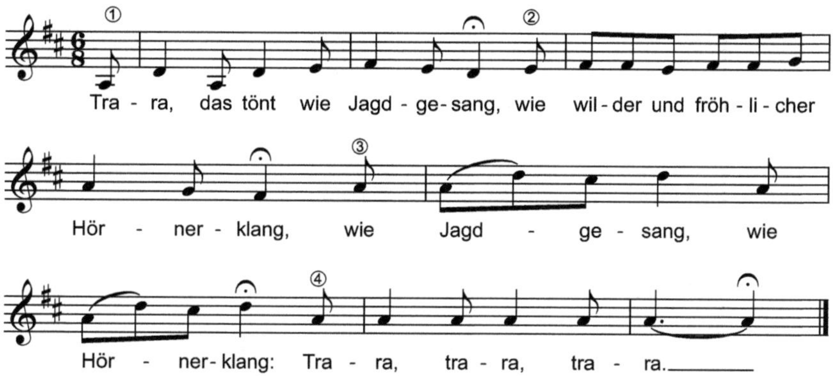

(*Kanon*)

4.6 Übungen für [k] und [g]

Geläufigkeitsübung für [k] und [g]

Schnell auf einen gleichmäßigen Ausatemstrom die Lautfolge „kagala kogolo kugulu kagala kegele kigili – 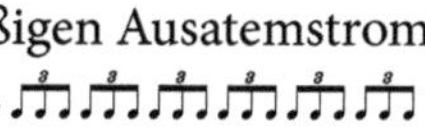 " rhythmisch sprechen. Dabei bei [k], [g] und dem Vokal immer einen aktiven Kontakt der Zungenspitze am Aktivpunkt halten. Bei [k] die Luft gut hinter dem Verschluss am Zungenrücken spüren. Diese Luft beim Öffnen des Verschlusses aktiv rauslassen. Bei [l] ist die Zungenspitze aktiv am Zungenruhepunkt und stößt sich von da ab zum Aktivpunkt.

Übung mit Minimalpaaren

Hier ist die einzige akustische Unterscheidung, ob ein [k] oder ein [g] gesprochen wird. Darauf ist beim Üben besonders zu achten.

	[k]	**[g]**
1	*die* Kunst	*die* Gunst
2	*das* Laken	*sie* lagen
3	*die* Kränze	*die* Grenze
4	bekehren	begehren
5	*die* Ecke	*die* Egge
6	*die* Kasse	*die* Gasse
7	*die* Chöre	*die* Göre
8	können	gönnen
9	*der* Kreis	*der* Greis
10	*der* Kuss	*der* Guss

Hier können die **Minimalpaare in Sätze** eingebunden geübt werden:

1 Das ist die Gunst der Kunst.
2 Wir lagen auf den Laken.
3 An der Grenze liegen Kränze.
4 Sie begehren, dass wir uns bekehren.
5 In der Ecke steht eine Egge.
6 Im Laden in der Gasse steht eine alte Kasse.
7 Diese Göre ist der Schreck aller Chöre.
8 Sie können sich was gönnen.
9 Im Kreis steht ein Greis.
10 Der Guss auf der Torte ist so süß wie ein Kuss.

 © Frank & Timme Verlag für wissenschaftliche Literatur

Übung mit Minimalpaaren [x] und [k] bzw. [g]

Hier soll gut unterschieden werden, ob ein [x] oder ein [k] bzw. [g] gesprochen wird. Darauf ist beim Üben besonders zu achten.

	[x]	[k] oder [g]
1	*der* Nachen	nagen
2	tauchen	taugen
3	*die* Macht	*die* Magd
4	*die* Tracht	Tragt!
5	*der* Fluch	*der* Flug

Hier können die **Minimalpaare in Sätze** eingebunden geübt werden:

1 Mäuse nagen an dem Nachen.
2 Sie taugen zum Tauchen.
3 Wieviel Macht hat die Magd?
4 Tragt unsere Tracht!
5 Der Flug steht unter einem Fluch.

Zungenbrecher

1 Es klapperte die Klapperschlang', bis ihre Klapper schlapper klang.
2 Na warte, du kriechender griechischer Krieger, in Griechenland krieg ich dich!

[k] und [g] beim Singen üben

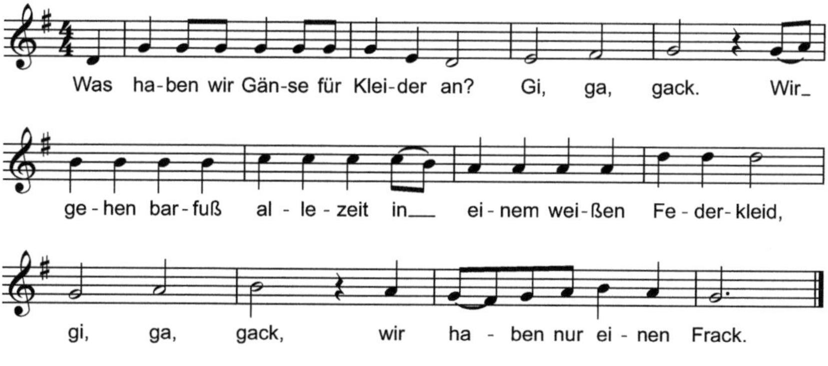

2. Was trinken wir Gänse für einen Wein?
gi, ga, gack
Wir trinken nur den stärksten Wein,
das ist der Gänsewein allein.
gi, ga, gack
viel stärker als Rum und Arrack.

3. Was essen wir Gänse für eine Kost?
gi, ga gack
Des Sommers geh'n wir auf die Au',
des Winters speißt die Bauersfrau
gi, ga, gack
uns aus dem Hafersack.
(*Volksweise, Text A. H. Hoffmann von Fallersleben*)

 © Frank & Timme Verlag für wissenschaftliche Literatur

5 Übungen für Konsonantenverbindungen

5.1 Übungen für [ks] und [xs]

Übung mit Minimalpaaren

Hier ist die einzige akustische Unterscheidung, ob ein [ks] oder ein [xs] gesprochen wird. Darauf ist beim Üben besonders zu achten.

	[ks]	**[xs]**
1	*der* Dachs	*des* Dachs
2	*er* wachst	*du* wachst
3	*der* Lachs	*du* lachst

Hier können die **Minimalpaare in Sätze** eingebunden geübt werden:

1 Unter den Balken dieses Dachs lebt ein Dachs.
2 Wenn du in der Nacht wachst, wachst er dann die Ski?
3 Du lachst über den Lachs.

Zungenbrecher

1 Was macht Max nachts? Max wacht nachts und wachst Wachsmasken.

5.2 Übungen für [pf]

Übung mit Minimalpaaren

Hier ist die einzige akustische Unterscheidung, ob ein [f] oder ein [pf] gesprochen wird. Darauf ist beim Üben besonders zu achten.

	[f]	[pf]
1	*der* Fund	*das* Pfund
2	fad	*der* Pfad
3	hoffen	Hopfen
4	Zoff	*der* Zopf

Hier können die **Minimalpaare in Sätze** eingebunden geübt werden:

1 Der Fund des Tages sind 10 Pfund.
2 Dieser Pfad ist eintönig und fad.
3 Hoffen wir, dass wir genug Hopfen ernten.
4 Wenn sie den Zopf abschneidet, gibt es Zoff.

Zungenbrecher

1 Dampfende Pferde mampfen gestampfte Äpfel. Gestampfte Äpfel mampfen dampfende Pferde.

5.3 Übungen für [kv̥]

Übung mit Minimalpaaren

Hier ist die einzige akustische Unterscheidung, ob [k] oder [kv̥] gesprochen wird. Darauf ist beim Üben besonders zu achten.

	[k]	[kv̥]
1	kahl	*die* Qual
2	*die* Kelle	*die* Quelle
3	Kader	*der* Quader

Hier können die **Minimalpaare in Sätze** eingebunden geübt werden:

1 Mir zur Qual ist der Wald kahl.
2 Schöpf mit der Kelle Wasser aus der Quelle!
3 Im Kader spricht man auch mal über Quader.

 © Frank & Timme Verlag für wissenschaftliche Literatur

Übung mit Minimalpaaren

Hier ist die einzige akustische Unterscheidung, ob [v] oder ein [kv̥] gesprochen wird. Darauf ist beim Üben besonders zu achten.

	[v]	[kv̥]
1	*die* Wahl	*die* Qual
2	*die* Welle	*die* Quelle
3	wer	quer

Hier können die **Minimalpaare in Sätze** eingebunden geübt werden:

1 Es ist die Qual der Wahl.

2 Hinter der Quelle entsteht eine Welle.

3 Wer denkt da quer?

5.4 Übungen für [ts]

Übung mit Minimalpaaren

Hier ist die einzige akustische Unterscheidung, ob ein [z] oder [ts] gesprochen wird. Darauf ist beim Üben besonders zu achten.

	[z]	[ts]
1	*der* Saal	*die* Zahl
2	sagen	zagen
3	sauber	*der* Zauber

Hier können die **Minimalpaare in Sätze** eingebunden geübt werden:

1 Groß ist die Zahl der Menschen im Saal.

2 Lass uns nicht zagen und es offen sagen.

3 Sauber ist es, was für ein Zauber!

Übung mit Minimalpaaren

Hier ist die einzige akustische Unterscheidung, ob ein [s] oder [ts] gesprochen wird. Darauf ist beim Üben besonders zu achten.

	[s]	**[ts]**
1	Schüsse	*der* Schütze
2	*der* Schuss	*der* Schutz

Hier können die **Minimalpaare in Sätze** eingebunden geübt werden:

1 Dieser Schütze gab die Schüsse ab.

2 Suche Schutz vor dem Schuss.

Zungenbrecher

1 Zwischen zwei Zwetschgenzweigen saßen zwei zwitschernde Meisen.

2 Zehn zahme Ziegen zogen zehn Zentner Zucker zum Zittauer Zoo.

 © Frank & Timme Verlag für wissenschaftliche Literatur

6 Übungen für die Intonation

6.1 Übungen zur Betonung in deutschen Wörtern

Die Betonung der Worte gehört zum Rhythmus der Sprache. In den folgenden Übungen werden Worte auf Rhythmen aus der Musik übertragen.

Akzent auf Wortstamm

Aufgabe:

A) Den Wortstamm erkennen und dann die Worte den Rhythmen zuordnen. Dabei soll der Wortstamm des Wortes immer auf dem betonten Teil der Notenwerte stehen.

B) Die Worte mit ihrem entsprechenden Rhythmus lesen üben. Dabei kann es sehr helfen, sich selbst zu dirigieren.

1 singen, sang, gesungen, Sänger, Sängerin, Sängerinnen, Gesang, Gesänge, gesanglich

2 finden, fand, gefunden, Finder, Finderin, Finderinnen, empfinden, Empfindung, Empfindungen, empfindlich

3 reden, redete, geredet, Redner, Rednerin, Rednerinnen, Rede, bereden, Gerede

4 führen, führte, geführt, verführen, Verführer, Verführerin, verführerisch

5 sprechen, sprach, gesprochen, Sprecher, Sprecherin, Sprecherinnen, versprechen, Versprecher, besprechen, Besprechung

6 stellen, stellte, gestellt, Stelle, bestellen, Bestellung, Bestellungen, verstellt, Verstellung

♫	³♪♪♪	♬♬	♪|♪	♪|♫	♪|³♪♪♪	♩
spielen	Spielerin	Spielerinnen	verspielt	verspielen		Spiel
Spieler						

Steigerungen

Hier bleibt die Betonung auf dem Wortstamm.

Aufgabe:

A) Erkennen des Wortstamms und die Worte den Rhythmen zuordnen. Dabei soll der Wortstamm des Wortes immer auf dem betonten Teil der Notenwerte stehen.

B) Die Worte mit ihrem entsprechenden Rhythmus lesen üben. Dabei kann es sehr helfen, sich selbst zu dirigieren.

 © Frank & Timme Verlag für wissenschaftliche Literatur

	♫	³♪♪♪	♪ | ♫	♪ | ³♪♪♪
hoch (♩)	höher		am höchsten	
schnell (♩)				
schön (♩)				
schwer (♩)				
tief (♩)				
langsam (♫)				

Vorsilbe un-

wird immer betont, denn sie verkehrt den Inhalt des Wortes in sein Gegenteil.
Aufgabe:
Erkennen der betonten Silbe.
Einen Rhythmus: A) ♫ B) ³♪♪♪ C) ♪|♪ zuordnen und mit diesem Rhythmus laut lesen. Dabei kann es sehr helfen, sich selbst zu dirigieren.

Beispiel: geübt ♪|♪ – ungeübt ³♪♪♪

1	bekannt	unbekannt
2	deutlich	undeutlich
3	genau	ungenau
4	pünktlich	unpünktlich
5	ruhig	unruhig
6	typisch	untypisch

Vorsilbe ur-

wird immer betont, denn sie weist auf den Ursprung einer Sache hin.
Aufgabe:
Erkennen der betonten Silbe.
Einen Rhythmus: A) ♩ B) ♫ C) ³♪♪♪ D) ♬♬ zuordnen und mit diesem Rhythmus laut lesen. Dabei kann es sehr helfen, sich selbst zu dirigieren.

Beispiel: Mensch ♩ – Urmensch ♫

1	Sprung	Ursprung
2	Aufführung	Uraufführung

3	Großmutter	Urgroßmutter
4	Sache	Ursache

Vorsilbe miss-

wird nicht immer betont.
Aufgabe:
Erkennen der betonten Silbe.
Einen Rhythmus: A) ♫ B) ♪|♫ C) ♬ D) ♪|♩ E) ♪♫(3) F) ♪|♪♫(3) zuordnen und mit diesem Rhythmus laut lesen. Dabei kann es sehr helfen, sich selbst zu dirigieren.

Beispiel: **bil**ligen ♪♫(3) – miss**bil**ligen ♪|♪♫(3)

1	trauen	misstrauen
2	verstehen	missverstehen
3	Erfolg	Misserfolg
4	gelingen	misslingen
5	Verständnis	Missverständnis

Endung -ei

wird immer betont.
Aufgabe:
Erkennen der betonten Silbe.
Einen Rhythmus: A) ♫ B) ♪♪|♩ zuordnen und mit diesem Rhythmus laut lesen. Dabei kann es sehr helfen, sich selbst zu dirigieren.

Beispiel: **Schrei**ner ♫ – Schreiner**ei** ♪♪|♩

1	Bäcker	Bäckerei
2	Metzger	Metzgerei
3	Gärtner	Gärtnerei
4	Polizist	Polizei
5	Schneider	Schneiderei

 © Frank & Timme Verlag für wissenschaftliche Literatur

Buchstabenwörter

sind Abkürzungen von langen zusammengesetzten Wörtern oder Wortgruppen.
Aufgabe:
Erkennen der Abkürzung und diese laut lesen.
Beispiel: **Haus**aufgabe – HA

1	**Wohn**gemeinschaft	WG
2	Gener**al**musikdirektor	...
3	Hauptprobe mit Kla**vier**	...
4	Allgemeine **Orts**krankenkasse	...
5	Hochschule für Mu**sik**	...
6	InterCityExpress	...
7	**Kir**chenmusikdirektor	...
8	Gener**al**probe	...

6.2 Übungen zur Betonung in Fremdwörtern

Silbe -or-

wird nicht betont, wenn sie am Ende des Wortes steht. Sie wird betont, wenn nach ihr noch Silben in dem entsprechenden Wort kommen.
Aufgabe:
Erkennen der betonten Silbe.
Einen Rhythmus: A) ♫ B) ♪|♫ C) ♪|♪♪♪ D) ♫|♫ E) ♫|♪♪♪ F) ♪♪♪|♫ G) ♬♬|♫ H) ♬♬|♪♪♪ zuordnen und mit diesem Rhythmus laut lesen. Dabei kann es sehr helfen, sich selbst zu dirigieren.

Beispiel: **Rek**tor ♫, Rekt**o**ren ♪|♫, Rekt**o**rin ♪|♫, Rekt**o**rinnen ♪|♪♪♪

1 Doktor, Doktoren, Doktorin, Doktorinnen
2 Autor, Autoren, Autorin, Autorinnen
3 Professor, Professoren, Professorin, Professorinnen
4 Korrepetitor, Korrepetitoren, Korrepetitorin, Korrepetitorinnen
5 Direktor, Direktoren, Direktorin, Direktorinnen
6 Tutor, Tutoren, Tutorin, Tutorinnen

Endung -ik/ -iker

Die Endung -ik kann betont und unbetont sein. -iker ist nie betont.
Aufgabe:
Erkennen der betonten Silbe.
Einen Rhythmus A) ♪|♫ B) ♪|♫♪ C) ♪|♬♬ D) ♪|♫♫♪ E) ♪|♩ F) ♫♪ G) ♬♬ H) ♫♫♪ I) ♫ K) ♪♪|♩ zuordnen und mit diesem Rhythmus laut lesen. Dabei kann es sehr helfen, sich selbst zu dirigieren.

Beispiel: Rom**an**tik ♪|♫, Rom**an**tiker ♪|♫♪, Rom**an**tikerin ♪|♬♬, Rom**an**tikerinnen ♪|♫♫♪

1 Phonetik, Phonetiker, Phonetikerin, Phonetikerinnen
2 Musik, Musiker, Musikerin, Musikerinnen
3 Technik, Techniker, Technikerin, Technikerinnen
4 Rhythmik, Rhythmiker, Rhythmikerin, Rhythmikerinnen
5 Politik, Politiker, Politikerin, Politikerinnen
6 Klassik, Klassiker

6.3 Übungen zur Betonung in zusammengesetzten Wörtern

Determinativkomposita

Das erste Wort bestimmt das folgende näher, deshalb bekommt die betonte Silbe in diesem Wort die Hauptbetonung.
Aufgabe:
Erkennen der betonten Silbe in den einzelnen Wörtern.
Die beiden Worte zu einem Wort zusammensetzten, einen Rhythmus: A) ♫ B) ♫|♩ C) ♪|♩ D) ♩ E) ♬♬ F) ♪|♫ G) ♪|♫♪ H) ♫♫♪ I) ♪♪|♪♪♪ K) ♫♪ L) ♪|♬♬ M) ♪♪|♫ zuordnen und mit diesem Rhythmus laut lesen. Darauf achten, dass die betonte Silbe im Bestimmungswort die Hauptbetonung bekommt. Dabei kann es sehr helfen, sich selbst zu dirigieren.

 © Frank & Timme Verlag für wissenschaftliche Literatur

Beispiel: **Musik** ♪|♩ – **Theorie** ♫|♩ Musiktheorie ♪|♬♬

1	Klassen	Abend
2	Musik	Stück
3	Klavier	Auszug
4	Noten	Wert
5	Takt	Art
6	Tasten	Instrument
7	Harmonie	Lehre
8	Ton	Höhe
9	General	Bass

Trennbar zusammengesetzte Verben

Die Betonung bleibt immer auf der abgetrennten Präposition.
Aufgabe:
So lesen, dass die Betonung immer auf der Präposition bleibt. Dabei kann es sehr helfen, sich selbst zu dirigieren.

1	aufführen ♫	Sie führt die Oper auf. ♬♬|♩
2	vorlesen ♫	Lies den Text bitte vor. ♬♬|♩
3	vortragen ♫	Ich trage die Arie vor. ♪♫ ♫|♩
4	zuhören ♫	Er hört ihr gern zu. ♪♫|♩
5	vorstellen ♫	Ich stell es mir vor. ♪♫|♩

6.4 Übungen zur Betonung in Wortgruppen

Hörübung Akzentpositionen unterscheiden und erkennen

Aufgabe:
Hören, welches Wort betont wird. Ist die Betonung auf dem letzten Wort, handelt es sich um die Wortgruppe. Ist die Betonung auf dem ersten Wort, handelt es sich um das zusammengesetzte Wort.

1	auf Strich	Aufstrich
2	ein Satz	Einsatz
3	ein Fach	einfach
4	auf Takt	Auftakt

5 ein Laden einladen
6 auf Zug Aufzug

Der Wortgruppenakzent

Aufgabe:

Übertragen des vorgegebenen Rhythmus' auf den Satz. Diese Sätze aus der Zauberflöte laut lesen. Dabei kann es sehr helfen, sich selbst zu dirigieren.

1  **Schweig** Jüngling! (*Drei Damen*)
Fasse Dich! (*Drei Damen*)
Lieferung? (*Papageno*)

2  Wo **bin** ich? (*Tamino*)
Was **hör** ich? (*Tamino*)
Ent**ris**sen? (*Tamino zu den drei Damen*)

3 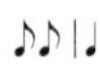 Ach, sieh **da**! (*Papageno zu Pamina*)
Sei ein **Mann**! (*Tamino zu Papageno*)
Ist sie **jung**? (*Papageno zum Priester*)

4  **Wer** denn also? (*2. Dame zu Papageno*)
Morden soll ich? (*Pamina*)
Eingekerkert?(*Papageno zu Weib*)

5 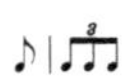 Er**lau**be mir! (*Pamina zu Papageno*)
Wo **blieb** ich denn? (*Papageno zu Pamina*)
Sie **lehrt**en Euch? (*Pamina zu Papageno*)

6 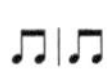 Dumme **Fra**ge (*Papageno zu Tamino*)
Meiner **Mut**ter? (*Pamina zu Papageno*)
Sieh dich **um**, Freund! (*Papageno*)

7 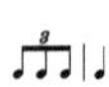 Ein Mensch wie **du**. (*Papageno zu Tamino*)
Ich denke **nicht**. (*Papageno*)
Die Augen **schwarz**. (*Papageno*)

8 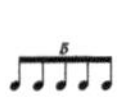 **Seh**en kannst du sie (*Priester zu Papageno*)
Gütige Götter! (*Pamina*)
Liebst du mich nicht mehr? (*Pamina zu Tamino*)

9 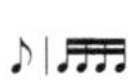 Er **liebt** mich also? (*Pamina zu Papageno*)
Auf **Wie**dersehen! (*3. Dame zu Tamino*)
Schafft **Fes**seln herbei! (*Monostatos zu Sklaven*)

 © Frank & Timme Verlag für wissenschaftliche Literatur

10 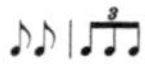 Dich mir **an**vertrauen. (*Monostatos zu Pamina*)
Warum **zit**terst du? (*Monostatos zu Pamina*)
Das ist **Göt**terwein. (*Papageno*)

11 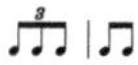 Bald gegen **Mit**tag. (*Papageno zu Pamina*)
Freundschaft und **Lie**be. (*Tamino zu Priester*)
Ich bleibe **le**dig. (*Papageno zu Priester*)

12 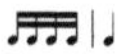 Du lustiger **Freund**. (*Tamino zu Papageno*)
Du hast viel ge**wagt**. (*Pamina zu Papageno*)
Wo wend' ich mich **hin**? (*Papageno*)

6.5 Übungen zum Rhythmus in Lyrik

Hier sind die gängigsten Versrhythmen mit einem Beispiel zum Üben aufgeführt. Zuerst im Rhythmus der verschiedenen Versmaße laut lesen. Danach in jeder Zeile den Hauptakzent festlegen und die anderen Schwerpunkte leichter als das jeweilige wichtigste Wort sprechen. Zwei Vierzeiler sind vertont. Beim Singen erkennen, dass der Sprachrhythmus erhalten bleibt.

1. Der **Trochäus**: O o O o O o O o

Lotta Beling und Gunnar Pietsch
Lehrblatt
An den Bäumen hängen Blätter.
Wird mein Lehrer dadurch netter?
Nein, er bleibt so streng wie immer.
Und ich habe keinen Schimmer.

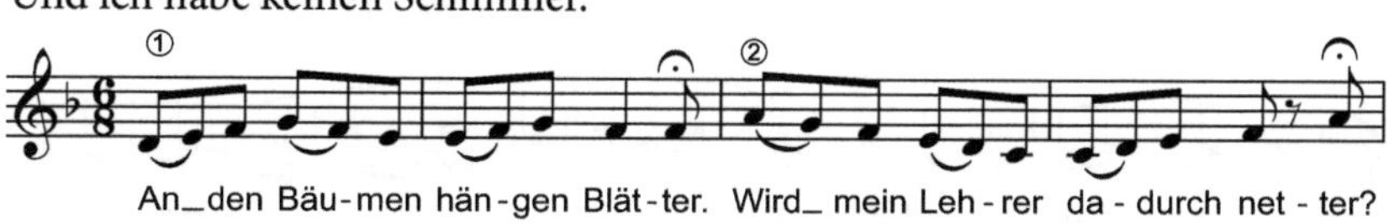

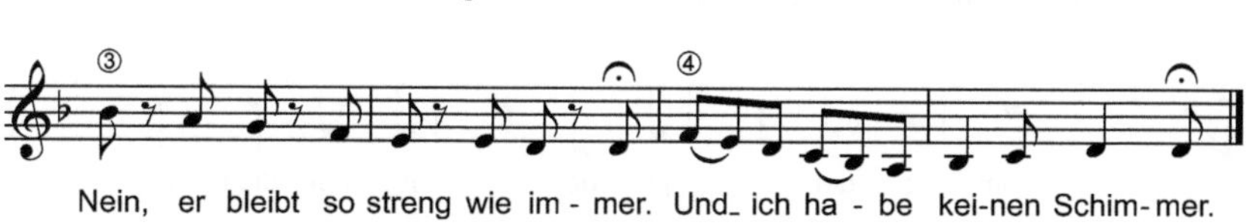

(*Melodie Anke und Emilia Kramer*)

2. Der **Jambus:** o O o O o O o O o

Lotta Beling und Gunnar Pietsch

Ferien

Die Wolken ziehen kleine Kreise,
die Vögel zwitschern ganz ganz leise.
Der Kranich, der schreit laut und schrill,
weil er sofort zum Südpol will.

3. **Der Daktylos:** O o o O o o O o o O

Lotta Beling und Gunnar Pietsch

Wunderschön vergänglich

Seerosenblüten sind gelb oder weiß,
auf ihren Blättern blinkt perlend der Schweiß.
Schwimme ich zu ihnen, wird mir ganz heiß!
Krieg ich 'nen Krampf jetzt, ins Gras ich gleich beiß.

4. **Der Amphibrachys:** o O o o O o o

Lotta Beling und Gunnar Pietsch

Vorfreude

Holunder, Holunder
wir holen dich runter!
So süß wie du bist,
drum jeder dich isst.

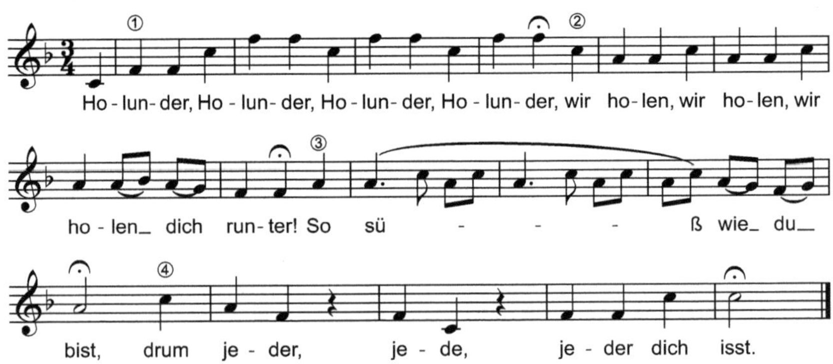

(*Melodie Anke Kramer*)

© Frank & Timme Verlag für wissenschaftliche Literatur

5. Der **Anapäst:** o o O o o O

Gunnar Pietsch

Keine Aussicht

Bleibt die Welt einmal steh'n,
wird kein Lüftchen mehr weh'n.
Und trotz Sternengefunkel
ist's dann dauerhaft dunkel.

6.6 Üben der Betonung in Wortgruppen und der Pausen in Dialogen

Durch das Aufeinanderfolgen von betonten und unbetonten Silben und durch Pausen bekommt die Sprache einen Rhythmus. Charakteristisch dafür ist der große Gegensatz zwischen der betonten und den unbetonten Silben – ähnlich der Betonungen in einem Takt. Man kann die Silben vor der betonten Silbe des Wortes, welches die Wortgruppenbetonung bekommt, als Auftakt denken. Die betonte Silbe ist die Zählzeit eins im Takt. Die danach folgenden Silben sind dann wieder auf den unbetonten Taktteilen zu denken. Wortgruppen, man kann sie auch wie in der Musik Phrasen nennen, werden durch Pausen voneinander getrennt. Die stärkste Betonung in einem Satz bekommt die Hauptbetonung der letzten Wortgruppe.

Beispiel:

Papageno: > >>

Bald fang ich an, mich vor ihm zu fürchten.

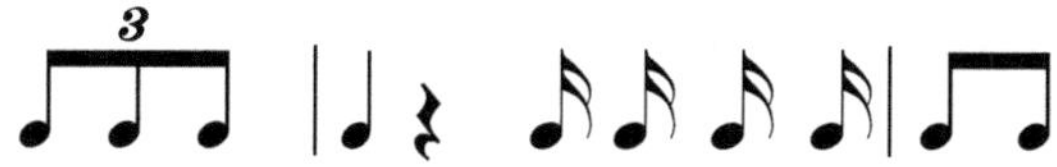

Variante, wenn eine situative Komponente dazu kommt:

\>   >>

Bald fang ich an, mich vor ihm zu fürchten.

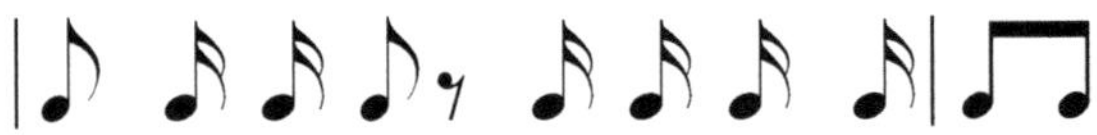

Pamina: > >>

Unter deinem Schutz, trotz ich jeder Gefahr.

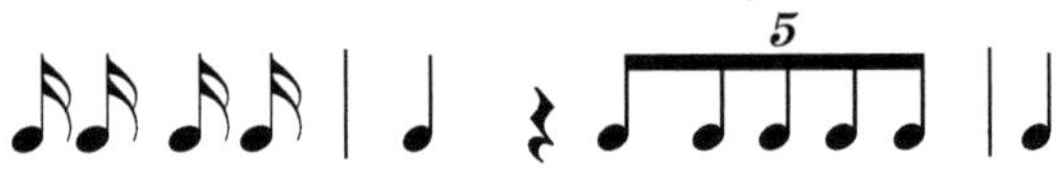

Variante, wenn eine emotionale Komponente dazu kommt:

\>   >>

Unter deinem Schutz, trotz ich jeder Gefahr.

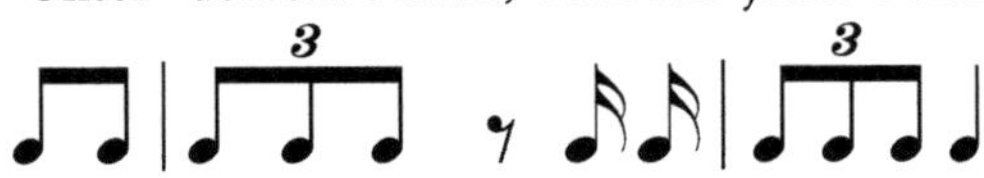

3.Dame: > >>

Wir waren's, Jüngling, die dich befreiten.

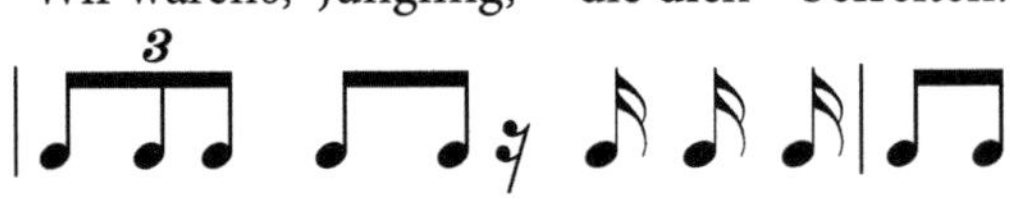

Variante, wenn eine situative Komponente dazu kommt:

\>>   >   >

Wir waren's, Jüngling, die dich befreiten.

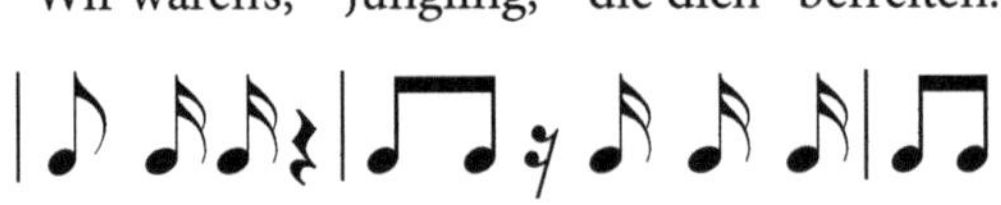

© Frank & Timme Verlag für wissenschaftliche Literatur

Sarastro:

>

Schlägt dein Herz noch ebenso warm für Pamina

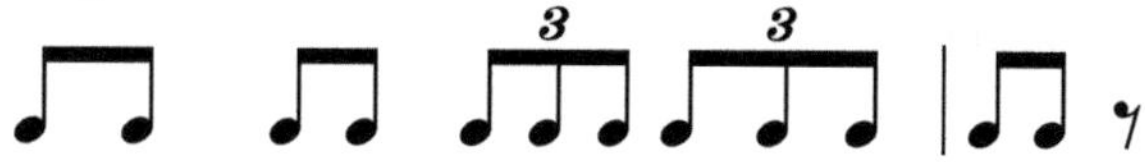

>

und wünschest du einst als ein weiser Fürst zu regieren,

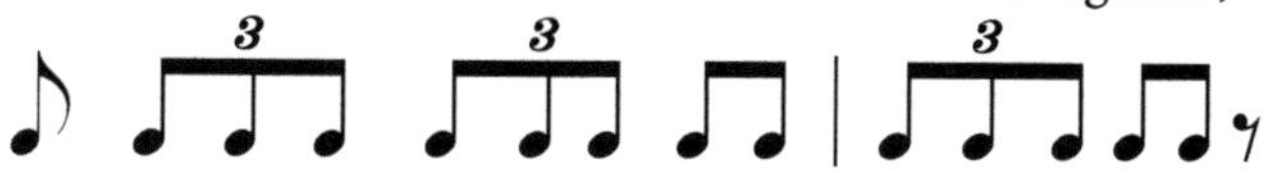

>>

so mögen die Götter dich ferner geleiten.

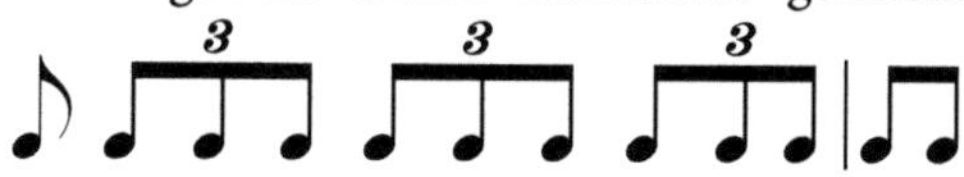

Variante, wenn eine emotionale Komponente dazu kommt:

>

Schlägt dein Herz noch ebenso warm für Pamina

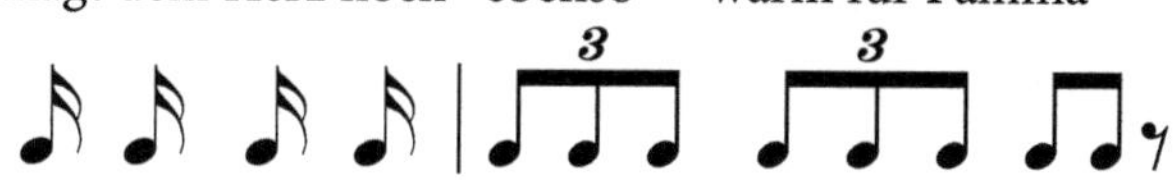

>

und wünschest du einst als ein weiser Fürst zu regieren,

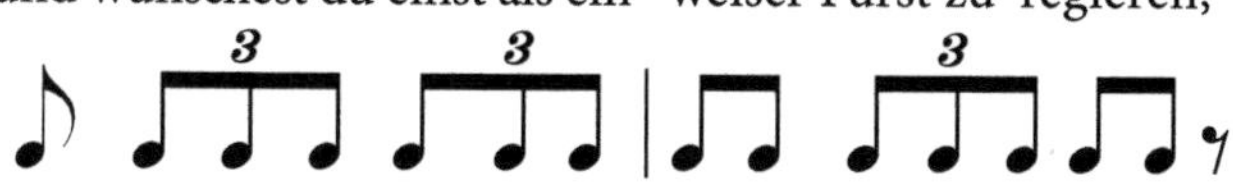

>> >

so mögen die Götter dich ferner geleiten.

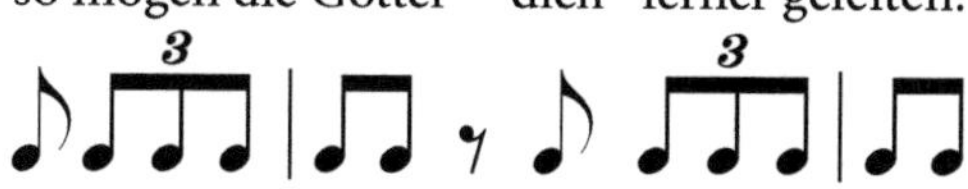

Auf diese Art können alle Dialoge geübt werden. Wichtig ist zu beachten, dass es pro inhaltlicher Phrase, also pro zusammengehörender Wortgruppe, nur **einen** Hauptakzent gibt.

7 Schlussbemerkung

Es ist absolut notwendig, alle Aussprache- und Intonationsregeln zu kennen und anzuwenden, um verständlich zu sprechen und zu singen. Aber wenn man nicht weiß, was die Worte bedeuten und was mit ihnen ausgedrückt werden soll, wird man trotzdem nicht verstanden werden. Das perfekte Anwenden aller phonetischen Regeln bringt aus meiner Erfahrung ungefähr 30% des Verstehens. Dass man selbst den Inhalt der Worte und ihren Zusammenhang verstanden hat und im Inhalt dieser Worte denkt, bringt das eigentliche Verstehen für die Zuhörer mit sich. Das sind die 70%, die nie vergessen werden und beim Arbeiten mit diesem Buch auch immer berücksichtigt werden sollten.

Noch mehr Übungen zu allen Lauten, zur Wort- und Wortgruppenakzentuierung und zu Pausen und Melodie sind auch zu finden unter: ‚Phonothek intensiv', herausgegeben von Ursula Hirschfeld, Kerstin Reinke und Eberhard Stock, 2007 Langenscheidt KG, Berlin und München.

Wenn zum intensiveren Üben einzelner Laute Texte benötigt werden, empfehle ich das Buch ‚Sprechsport' von Georg Winter und Dagmar Puchalla, 2011 Beltz Verlag, Weinheim Basel. Dort sind wunderbare Gedichte zu allen Lauten verbunden mit Aussprachetrainings zu finden.

Bei fehlerhaft gebildeten Lauten sind Abhilfevorschläge in folgendem Buch zu finden: „Sprecherzieherisches Elementarbuch" von Heinz Fiukowski, 2004 Max Niemeyer Verlag GmbH, Tübingen, oder eine andere Auflage dieses Buches.

Zuletzt möchte ich noch einen Dank an alle Studierenden und Kolleg*innen der Opernschule Stuttgart und der HfM Saar aussprechen, die durch ihre Mitarbeit sehr zu diesem Buch beigetragen haben. Bei meiner Tochter Emilia Kramer, die selbst Sprechwissenschaftlerin ist, bedanke ich mich ganz sehr für ihre fachliche Beratung und das Zeichnen der Bilder zu den Lauten.

Glossar

Aktivpunkt	ist der Punkt am Zahndamm hinter den unteren Schneidezähnen, den die Zungenspitze beim Artikulieren fast immer berühren sollte.
apikal	die Spitze eines Organs betreffend. Im Fall der Artikualtion die Zungenspitze.
Betonungszeichen	ist der kleine Strich vor dem Vokal der betonten Silbe. Beispiel: Musik [muzˈiːk]
Buhle	Der bzw. die Buhle ist eine alte Bezeichnung für Liebhaber bzw. Liebhaberin.
Determinativkomposita	können Substantive, Adjektive oder Verben sein. Sie werden aus zwei oder mehreren Wörtern zusammengesetzt. Das erste Wort ist das Bestimmungswort. Es erklärt das nachfolgende Wort (Grundwort) näher.
dorsal	zum Rücken gehörend. Bei der Artikulation ist damit der Zungenrücken gemeint.
Entstimmlichungszeichen	ist ein kleiner Kreis, der unter grundsätzlich stimmhaften Lauten zu finden ist, die in dem Fall ohne Stimme gesprochen werden sollen. Beispiel [ʁ̥]
Frikativ	ist ein Laut, der durch eine Enge im Mund gebildet wird. Die ausströmende Luft wird in dieser Enge verwirbelt, wodurch das für den jeweiligen Laut entsprechende Geräusch erzeugt wird.
Kopulativkomposita	sind zusammengesetzte Wörter, die aus zwei oder mehreren hierarchisch gleichwertigen Wörtern bestehen.
lateral	seitlich. Der Laut entweicht seitlich an den Zungenrändern. Beispiel: Lateral-Laut l

Nasal	ist ein Laut, bei dem der Stimmklang durch die Nase entweicht.
Plosiv	ist ein Laut, bei dem durch einen Verschluss im Mundraum der Atemstrom oder der Stimmklang kurzzeitig gestaut und durch plötzliches Öffnen nach draußen befördert wird.
Zähren	ist eine veraltete Bezeichnung für Tränen.
Zeichen für den Vokaleinsatz/Glottisschlag [ʔ]	befindet sich vor dem Vokal, der mit Vokaleinsatz oder Glottis artikuliert werden soll. Beispiel: überall [yːbɐˈˀal]
Zeichen für silbische Realisierung eines Konsonanten	ist der kleine Strich unter einem Konsonant, der kennzeichnet, dass dieser Nasal wie eine ganze Silbe gesprochen wird. Beispiel: schmecken [ʃmɛkn̩]
Zeichen für unsilbisches Realisieren eines Vokals	Der kleine Bogen unterhalb eines Vokals zeigt an, dass dieser nicht silbisch realisiert wird, sondern mit dem vorhergehenden oder nachfolgenden Vokal verbunden wird. Beispiel: Pause [pˈaɔ̯zə]
Zungenruhepunkt	ist der Punkt am Zahndamm hinter den oberen Schneidezähnen. Es ist der physiologische Zungenruhepunkt, den die Zunge in Ruhe berühren sollte.

 © Frank & Timme Verlag für wissenschaftliche Literatur

Lösungen

Hörübung: [aː] oder [a]

[a]ls ich [a]chtzehn J[aː]hre [a]lt war, m[a]chte m[a]n mir weis, ich müßte V[aː]terl[a]ndsverteidiger werden. Ich d[a]chte: je nun, k[a]nnst's j[aː] probieren, und ließ mir den Sold[aː]tenrock [a]nziehen. Der Rock war g[a]nz hübsch, [aː]ber [a]lles, w[a]s ich in dem Rock tun musste, war g[aː]r nicht hübsch; zudem w[aː]r ich von jeher ein Feind jeden Zw[a]nges.
(*Iwanow aus „Zar und Zimmermann" von Albert Lorzing*)

Hörübung: [uː] oder [ʊ]

N[uː]n, meine Herren, ihr seid ja beide ganz verd[ʊ]tzt? Und Sie, mein Vielgetreuer, Sie kommen mir ganz kurios vor. Vorhin, da ein galanter j[ʊ]nger Mann sich nach meinen kleinen häuslichen Angelegenheiten erk[ʊ]ndigte, wird er bei der bloßen Erzählung Feuer [ʊ]nd Flamme, und n[uː]n, da [ʊ]nsrer Liebe Gefahr droht, steht er da, als könnte er nicht bis drei zählen.
(*Marie aus „Zar und Zimmermann" von Albert Lorzing*)

Hörübung: [iː] oder [ɪ]

Mar[iː], du hast es heute w[iː]der darauf abgesehen, m[ɪ]ch zu quälen. [ɪ]ch l[iː]be dich so herzl[ɪ]ch, aber ebendeswegen kann es m[iː]r doch n[ɪ]cht angenehm sein, wenn d[ɪ]ch d[iː] ganze Welt küssen w[ɪ]ll.
(*Iwanow aus „Zar und Zimmermann" von Albert Lorzing*)

Hörübung: [yː] oder [ʏ]

Wenn das wahr w[ʏ]rde, ich wollte Sie für den besten Menschen auf der Welt halten. Ach, wäre Iwanow nur da, daß ich ihm unser Gl[ʏ]ck verk[ʏ]nden könnte! Meinen Oheim kriegen wir herum, und wenn ich erst gewiss w[ʏ]sste, daß Iwanow kein Kaiser ist, ich wollte vor Freude jauchzen, dass man es bis [yː]bers Meer hörte.
(*Marie aus „Zar und Zimmermann" von Albert Lorzing*)

Hörübung [oː] oder [ɔ]

Ich verstehe kein W[ɔ]rt v[ɔ]n der ganzen Geschichte. Was Teufel haben sie alle mit dem armen Iwanow v[oː]r; es muss eine h[oː]he Standesperson sein [oː]der ein Staatsverbrecher.
(*van Bett aus „Zar und Zimmermann“ von Albert Lorzing*)

Hörübung [eː], [ɛ] oder [ɛː]

Wie? Höre ich nicht mit wahrer [ɛ]ngelsgeduld die Schilderungen deiner Z[ɛː]rtlichkeit für die reizende Marie an, die [eː]benso liebenswürdig wie ihr Oheim dumm und l[ɛ]cherlich ist? Argwöhnt d[eː]r gestr[ɛ]nge Bürgermeister [ɛ]twas? Du hast doch keine [eː]hrensache? J[ɛ]tzt verst[eː] ich dich.
(*Zar aus „Zar und Zimmermann“ von Albert Lorzing*)

Hörübung [eː] oder [iː]

1 G[iː]b [iː]r [iː]re [eː]re.
2 So wie wir l[eː]ben, so l[iː]ben wir.
3 W[eː]r wenn nicht w[iː]r.
4 [eː]re sei Gott in der Höhe.
5 Gib m[iː]r m[eː]r.
6 D[iː]r sei Lob und [eː]r gesungen.
7 L[iː]ben s[iː] die S[eː] und l[eː]ben S[iː] auch da?
8 L[eː]ben und l[eː]ben lassen.
9 D[eː]r sei d[iː]r hold.

Hörübung: [øː] oder [œ]

Du fürchtest wohl, er m[œ]chte dich in deiner h[øː]chst angenehmen Unterhaltung st[øː]ren? Ich danke Gott, dass mir endlich die Augen ge[œ]ffnet wurden.
(*Iwanow aus „Zar und Zimmermann“ von Albert Lorzing*)

[r] beim Singen üben – [r], [r̥] oder [ɐ]

Wi[ɐ] [r]eiten geschwinde du[r]ch Feld und Wald, wi[ɐ] [r]eiten be[r]gab und be[r]gauf und fällt we[ɐ] vom Pfe[ɐ]de, so fällt e[ɐ] gelinde und klette[ɐ]t behendt wiede[ɐ] auf. Es geht übe[ɐ] Stock und Stein. Wi[ɐ] geben dem [r]osse die Zügel und [r̥]eiten im Sonnenschein geschwinde[ɐ] als hätten wi[ɐ] Flügel. Heißa hussa übe[ɐ] Stock und übe[ɐ] Stein. Heißa hussa und in den Stall hinein.

[s] und [z] beim Singen üben

1. Die Blümelein [z]ie schlafen
   schon läng[s]t im Mondenschein.
   [z]ie nicken mit den Köpfchen
   auf ihren Stengelein.
   E[s] rüttelt [z̥]ich der Blütenbaum,
   er [z]äu[z]elt wie im Traum.
   Schlafe, Schlafe, schlaf du mein Kindelein.

2. Die Vögelein [z]ie [z]angen
   [z]o [z]üß im [z]onnenschein.
   [z]ie [z]ind zur Ruh gegangen
   in ihre Ne[s]tlein klein.
   Da[s] Heimchen in dem Ährengrund,
   e[s] tut allein [z]ich kund.
   Schlafe, Schlafe, schlaf du mein Kindelein.

3. [z]andmännchen kommt geschlichen
   und guckt durch'[s] Fen[s]terlein,
   ob irgendwo ein Liebchen
   nicht mag zu Bette [z]ein.
   Und wo e[s] nur ein Kindlein fand,
   streut e[s] ihm in die Augen [z]and.
   Schlafe, Schlafe, schlaf du mein Kindelein.

Akzent auf Wortstamm

♫	♪♪♪ (3)	𝅘𝅥𝅯𝅘𝅥𝅯𝅘𝅥𝅯𝅘𝅥𝅯	𝅘𝅥𝅯 | ♪	𝅘𝅥𝅯 | ♫	𝅘𝅥𝅯 | ♪♪♪ (3)	♩
spielen	Spielerin	Spielerinnen	verspielt	verspielen	Empfind-ungen	Spiel
Spieler	Sängerin	Sängerinnen	Gesang	gesungen	Bestellun-gen	sang
singen	Finderin	Finderinnen	gestellt	Gesänge		fand
Sänger	redete	Rednerin-nen		gesanglich		sprach
finden	Redner-in	Sprecherin-nen		gefunden		
Finder	Spre-cherin			empfinden		
reden				Empfind-ung		
Redner				empfind-lich		
Rede				geredet		
sprech-en				bereden		
Spre-cher				Gerede		
stellen				gesprochen		
stellte				verspre-chen		
Stelle				Verspre-cher		
				besprechen		
				verstellen		
				bestellen		
				Bestellung		
				Verstellung		

© Frank & Timme Verlag für wissenschaftliche Literatur

Steigerungen

	♫	♪♪♪	♪|♫	♪|♪♪♪
hoch (♩)	höher		am höchsten	
schnell (♩)	schneller		am schnellsten	
schön (♩)	schöner		am schönsten	
schwer (♩)	schwerer		am schwersten	
tief (♩)	tiefer		am tiefsten	
langsam (♫)		langsamer		am langsamsten

Vorsilbe un-

1	bekannt ♬|♪	unbekannt ♪♪♪
2	deutlich ♫	undeutlich ♪♪♪
3	genau ♬|♪	ungenau ♪♪♪
4	pünktlich ♫	unpünktlich ♪♪♪
5	ruhig ♫	unruhig ♪♪♪
6	typisch ♫	untypisch ♪♪♪

Vorsilbe ur-

Wird immer betont, denn sie weist auf den Ursprung einer Sache hin.

1	Sprung ♩	Ursprung ♫
2	Aufführung ♪♪♪	Uraufführung ♪♪♪♪
3	Großmutter ♪♪♪	Urgroßmutter ♪♪♪♪
4	Sache ♫	Ursache ♪♪♪

Vorsilbe miss-

1	trauen ♫	misstrauen ♪|♫
2	verstehen ♪|♫	missverstehen ♪♪♪♪
3	Erfolg ♪|♩	Misserfolg ♪♪♪
4	gelingen ♪|♫	misslingen ♪|♫
5	Verständnis ♪|♫	Missverständnis ♪♪♪♪

Buchstabenwörter

1	**Wohn**gemeinschaft	WG
2	Gener**al**musikdirektor	GMD
3	Hauptprobe mit Klav**ier**	HPK
4	Allgemeine **Orts**krankenkasse	AOK
5	Hochschule für Mus**ik**	HfM
6	InterCityExpress	ICE
7	**Kir**chenmusikdirektor	KMD
8	Gener**al**probe	GP

Silbe -or-

1 Doktor ♫, Doktoren ♪|♫, Doktorin ♪|♫, Doktorinnen ♪|(3)♪♪♪
2 Autor ♫, Autoren ♪|♫, Autorin ♪|♫, Autorinnen ♪|(3)♪♪♪
3 Professor ♪|♫, Professoren ♫|♫, Professorin ♫|♫, Professorinnen ♫|(3)♪♪♪
4 Korrepetitor (3)♪♪♪|♫, Korrepetitoren ♬♬|♫, Korrepetitorin ♬♬|♫, Korrepetitorinnen ♬♬|(3)♪♪♪
5 Direktor ♪|♫, Direktoren ♫|♫, Direktorin ♫|♫, Direktorinnen ♫|(3)♪♪♪
6 Tutor ♫, Tutoren ♪|♫, Tutorin ♪|♫, Tutorinnen ♪|(3)♪♪♪

Endung -ik/ -iker

1 Phonetik ♪|♫, Phonetiker ♪|(3)♪♪♪, Phonetikerin ♪|♬♬, Phonetikerinnen ♪|(5)♪♪♪♪♪
2 Musik ♪|♩, Musiker (3)♪♪♪, Musikerin ♬♬, Musikerinnen (5)♪♪♪♪♪
3 Technik ♫, Techniker (3)♪♪♪, Technikerin ♬♬, Technikerinnen (5)♪♪♪♪♪
4 Rhythmik ♫, Rhythmiker (3)♪♪♪, Rhythmikerin ♬♬, Rhythmikerinnen (5)♪♪♪♪♪
5 Politik ♪♪|♩, Politiker ♪|(3)♪♪♪, Politikerin ♪|♬♬, Politikerinnen ♪|(5)♪♪♪♪♪
6 Klassik ♫, Klassiker (3)♪♪♪

Determinativkomposita

1	Klassen ♫	Abend ♫	Klassenabend ♬♬
2	Musik ♪|♩	Stück ♩	Musikstück ♪|♫
3	Klavier ♪|♩	Auszug ♫	Klavierauszug ♪|(3)♪♪♪
4	Noten ♫	Wert ♩	Notenwert (3)♪♪♪
5	Takt ♩	Art ♩	Taktart ♫
6	Tasten ♫	Instrument ♫|♩	Tasteninstrument (5)♪♪♪♪♪

 © Frank & Timme Verlag für wissenschaftliche Literatur

7	Harmonie ♫|♩	Lehre ♫	Harmonielehre ♪♪|♪♪♪
8	Ton ♩	Höhe ♫	Tonhöhe ♫
9	General ♫|♩	Bass ♩	Generalbass ♪♪|♫

Hörübung Akzentpositionen unterscheiden und erkennen

1	auf Strich	**Auf**strich
2	ein **Satz**	Einsatz
3	ein Fach	**ein**fach
4	auf **Takt**	Auftakt
5	ein Laden	**ein**laden
6	auf Zug	**Auf**zug

Anhang

In dem gesamten Buch übernehme ich – gelegentlich auch wortwörtlich – die Erklärung für die Bildungsweise der Laute und die Ausspracheregeln sowie die Transkription der Beispielwörter aus dem Hauptwerk für die gesamtdeutsche Hochlautung:
„Deutsches Aussprachewörterbuch" von Eva-Maria Krech, Eberhard Stock, Ursula Hirschfeld, Lutz Christian Anders; Walter de Gruyter GmbH & Co. KG, Berlin/New York 2010.

Beim Aufbau der Übungen und Beispiele habe ich mich inspirieren lassen von:
„Phonothek intensiv", Hrsg.: Ursula Hirschfeld; Langenscheidt, Berlin/München/ Wien/Zürich/New York 2007.

Alle Abbildungen zu den Lauten wurden den Lauten aus *„Sprecherzieherisches Elementarbuch" von Heinz Fiukowski, erschienen im Max Niemeyer Verlag GmbH, Tübingen 2004*, nachempfunden.